AF383616

HISTOIRES D'AUTREFOIS

PARIS. — IMP. SIMON RAÇON ET COMP., RUE D'ERFURTH, 1.

HISTOIRES

D'AUTREFOIS

ÉMILE SOUVESTRE

PARIS

MICHEL LÉVY FRÈRES, LIBRAIRES-ÉDITEURS

RUE VIVIENNE, 2 BIS

—

1854

L'INVENTAIRE DU PLANTEUR

L'INVENTAIRE DU PLANTEUR

Tous deux s'arrêtèrent à l'entrée du bois de chênes qui conduisait à la route de Montgomery.

— Ne venez pas plus loin, dit le jeune homme; votre père souffre et vous attend.

La jeune Américaine lui saisit la main.

— O mon Dieu! déjà vous quitter!...

— Ne pleurez pas, ma bonne, ma chère Jenny, vous m'ôteriez tout mon courage. Si vous saviez combien je suis malheureux de partir! combien j'ai balancé, lorsque M. Jackson m'a parlé de cet emploi à Boston! Mais j'ai dû céder à la raison. Les affaires de votre père sont plus dérangées qu'il ne le croit lui-même; sa maladie va chaque jour s'aggravant; d'un moment à l'autre, vous pouvez rester sans ressources, Jenny!... En acceptant la position qui m'est offerte, j'assure notre avenir à tous deux; j'aurai maintenant un toit pour vous recevoir, et, dans quelques mois, quoi qu'il arrive, nous serons unis pour toujours. Ne trouvez-vous point cela doux à penser?

— Ah, Jones! répondit l'enfant, en se jetant dans les bras de son fiancé.

Celui-ci la pressa tendrement sur son cœur, et imprimant sur ses yeux humides un long baiser;

— Adieu! répéta-t-il plusieurs fois; adieu, ma fiancée chérie!... ma femme!...

Il la serra encore sur sa poitrine, l'embrassa encore; puis, la repoussant avec effort, il s'élança vers la route de Montgomery.

Jenny demeura longtemps à la même place, cherchant à l'apercevoir à travers les chênes et écoutant s'il ne lui enverrait point un dernier adieu. Enfin, lorsqu'elle fut bien sûre qu'elle ne pouvait plus ni le voir ni l'entendre, elle se rappela son père, et, faisant un effort sur elle-même, reprit lentement le chemin de l'habitation.

Elle en était peu éloignée, lorsqu'elle aperçut M. Jackson, qui venait à sa rencontre. Elle regarda d'abord autour d'elle, comme si elle eût cherché les moyens de l'éviter; mais ayant reconnu que la chose était impossible, elle se décida à continuer sa route.

Ce premier mouvement de miss Makensie exige quelques explications que nous croyons utile de donner ici.

M. Jackson, propriétaire d'une plantation voisine à laquelle d'innombrables cotonniers avaient fait donner le nom de *Blanche-Couronne*, était un homme d'environ quarante ans, d'une taille élevée, d'une figure hardie. Il était né en Irlande, et avait été forcé de la quitter pour quelques actes de violence dont on parlait diversement. Arrivé avec les premiers émigrants dans cette partie de l'Alabama, il y avait longtemps vécu de la vie hasardeuse des pionniers, n'ayant d'autre règle que sa volonté, ne connaissant d'autre droit que la force. Sa jeunesse s'était écoulée dans de périlleuses entreprises, au milieu des Criks et des Choctaws, dont il avait été tour à tour l'ami et l'ennemi. On racontait de lui mille histoires qui prouvaient son courage, mais aussi l'énergie fougueuse de ses passions. Il y avait eu dans sa vie d'aventurier des vengeances sanglantes, des combats inouis et d'incroyables aventures. Deux fois il avait enlevé à des chefs Choctaws leurs femmes préférées, et s'était enfui avec elles dans les forêts. Ce qu'il avait couru de dangers dans ces deux expéditions effrayait à entendre raconter ; mais rien n'arrêtait Jackson quand la passion lui parlait. Mêlé à plusieurs civilisations, il avait emprunté à chacune ce qui pouvait aider à la satisfaction de ses désirs. Son intelligence, cultivée pendant sa jeunesse, ne manquait ni d'études ni de distinction ; son langage avait souvent l'élégance des livres et ses manières la grâce des salons ; mais sous cette enveloppe se cachait l'implacable volonté du sauvage. Il avait appris des tribus, au milieu desquelles il avait longtemps vécu, les ruses patientes et là persistance muette qui font arriver sûrement au but.

Depuis que, rentré dans la vie civilisée, il était devenu l'un des plus riches planteurs de l'Alabama, l'occasion d'exercer ses instincts se présentait moins fréquemment ; mais il était aisé de voir qu'au fond Jackson était encore le pionnier libre du désert. C'était toujours une de ces natures dominatrices et puissamment terribles qui absorbent, dans leur sphère, ce qui est doux, riche ou beau, s'attribuent violemment ce qui leur plaît, et s'assimilent tout, parce que tout est plus faible qu'elles ; — cœurs passionnés, mais durs, qui ressemblent à un volcan dont la lave devient pierre quand elle ne brûle plus.

Ses richesses avaient donné à M. Jackson un grand crédit dans l'Alabama. On vantait son habileté en affaires, passant légèrement sur ses vices comme sur tous ceux des gens dont on peut avoir besoin.

Il possédait plusieurs centaines de noirs et les traitait avec tant de cruauté, que la plus terrible menace faite à un esclave était celle de le vendre à M. Jackson. Cependant, comme cette cruauté proverbiale était devenue, en définitive, pour le planteur, une source de richesse, loin de nuire à sa considération, elle y aidait. C'était une supériorité que plus d'un colon lui enviait à juste titre, car là où le noir cesse d'être un homme, le plus habile est celui qui retire le meilleur profit de cette machine humaine.

Sans connaître M. Jackson complétement, miss Makensie ressentait pour lui une répugnance instinctive. Elle éprouvait en sa présence cette espèce de tressaillement qu'éprouve l'oiseau frêle auprès de l'oiseau de proie.

Les visites du planteur de la *Blanche-Couronne* chez son père lui avaient toujours déplu, mais surtout depuis qu'elles étaient devenues fréquentes et assidues. La rencontre de l'ancien pionnier fut donc pour elle, surtout dans ce moment, une contrariété et un embarras.

Cependant celui-ci venait de la rejoindre, et après les politesses d'usage, tous deux se dirigèrent vers l'habitation de M. Makensie. Il y eut un moment de silence.

— Je vois aux yeux humides de miss Jenny, dit enfin Jackson, qu'elle a pris congé de Jones Cokeril.

La jeune fille fit, en rougissant, un signe affirmatif.

— Ne vous inquiétez de rien, reprit le planteur, je l'adresse à une maison dont tous les commis ont fait fortune.

— M. Cokeril vous devra sa réussite, balbutia Jenny, et j'aurais dû vous remercier...

— Remerciez-moi surtout de son départ.

— Comment ?

— Oui, j'espère que l'absence de M. Jones permettra à miss Makensie de réfléchir, et de renoncer à son projet de mariage.

— Pourquoi cela ?

— Parce que miss Makensie est trop belle et trop bien élevée pour ne prétendre à rien de plus qu'à partager la misère d'un pauvre diable.

— Il me semble vous avoir entendu prédire tout-à-l'heure que M. Cokeril ferait fortune.

— Sans doute, dans cinquante ans ! Tout le monde fait fortune aux Etats-Unis, à la condition d'attendre l'âge où l'argent ne sert plus à rien : on vit misérable avec la certitude de mourir millionnaire ! Du reste, j'ose croire que miss Jenny a trop de raison pour se condamner à une existence de privations, de soucis et de travail, quand elle peut s'assurer, dès maintenant, tous les plaisirs de l'opulence.

— J'ai peu d'ambition, répondit la jeune fille.

— Vous avez au moins celle d'être heureuse, et vous ne savez pas ce que l'on souffre avant de se créer une position indépendante. Vous avez vu ce qu'il fallait de peines et de sueurs à nos émigrants pour abattre à coups de hache un pan de forêt et se faire une place au soleil ; eh bien ! dans le monde, le travail est plus rude encore, car là, au lieu d'arbres, on a des hommes, et pour hache, la volonté, mauvais instrument qui s'émousse sans cesse ou se retourne contre vous-même. Croyez-moi, miss, les sauvages ont raison quand ils disent que le blé poussé est toujours le bon blé et les nids tout faits les meilleurs nids.

— Je me sens plus de courage, dit Jenny, et je

crois qu'il y a aussi quelque joie à préparer soi-même son avenir.

— Ainsi, répondit Jackson, vous vous exposerez à toutes les chances de la fortune, et vous suivrez M. Cokeril à Boston?

— Pourquoi non?

— Vous ne connaissez pas les états du Nord, miss Makensie. Ce que vos noirs sont ici, vous le serez là-bas; car chez nos frères abolitionistes le riche est maître, le pauvre esclave, et la femme du pauvre l'esclave d'un esclave. Là, on n'acquiert point la fortune avec les bras des autres, mais avec les siens; il faut suer l'or qu'on gagne.

Et prenant les blanches mains de la jeune fille avec un sourire railleur :

— Voulez-vous voir, continua-t-il, ces doigts, occupés jusqu'à présent à parfumer vos cheveux blonds, s'érailler sur la toile d'emballage, ou gagner des engelures à peser des épices? Vous avez toujours mené la douce vie de nos femmes de l'Alabama, miss, ne vous condamnez point à de viles occupations qu'on abandonne ici aux esclaves.

Jenny tressaillit : élevée sous l'empire des préjugés du Sud, où tout travail est regardé comme un malheur et presque comme une honte pour la femme, elle fut émue un instant du tableau que lui présentait M. Jackson; mais cette impression fut rapide, et elle répondit presque aussitôt :

— Je me soumettrai aux habitudes du pays que j'habiterai, monsieur.

Le planteur fit un geste impétueux qu'il réprima sur-le-champ.

— Prenez garde, miss Makensie, reprit-il d'un ton retenu et plein d'une douceur menaçante; réfléchissez avant d'agir; il ne s'agit point seulement ici de vous, mais de votre père.

La jeune fille le regarda avec étonnement.

— M. Makensie a fait comme tous les colons; lorsqu'il s'est établi ici, il y a dix ans, il a emprunté la somme nécessaire pour commencer sa plantation.

— Je sais qu'il vous doit beaucoup, interrompit Jenny.

— Tout lui a jusqu'à présent assez mal réussi; et, si je ne me trompe, l'impossibilité de faire honneur à ses engagements entre pour une bonne part dans la maladie qui le tue.

— Ah ! je le sais, je le sais, s'écria la jeune fille en pleurant; mais que puis-je faire, mon Dieu ?

— Renoncer à M. Cokeril.

— Que dites-vous ?

— Et donner à M. Makensie un gendre assez riche pour le tirer d'embarras.

— Ah ! jamais ! s'écria Jenny, qui s'éloigna du planteur avec un brusque mouvement de répugnance.

— Au fait, dit celui-ci d'un accent amer, miss Makensie est libre de préférer son goût à la vie de son père.

— Oh ! monsieur !

— Du reste, rien ne presse ; c'est seulement dans quinze jours qu'échoit la première obligation souscrite par M. Makensie ; j'aurai l'honneur de me présenter alors à l'habitation.

Et saluant la jeune fille, il la quitta froidement.

Restée seule, Jenny réfléchit avec effroi à ce qui venait de se passer. Elle ne pouvait plus douter des intentions du planteur, et cependant elle avait encore peine à y croire. La position de M. Jackson semblait, en effet, justifier cet étonnement.

Lorsque, quinze années auparavant, il était devenu propriétaire de l'habitation qu'il occupait, il y avait établi, comme la plupart des colons, une femme de couleur, fort belle, dont il avait fait d'abord sa maîtresse, mais qui, insensiblement, avait pris chez lui l'autorité d'une épouse. Cette femme l'avait rendu père de deux fils déjà grands, qu'il avait fait élever avec soin, et, dans l'Alabama, où l'on était accoutumé à ces sortes de mariages de la main gauche, on lui donnait généralement le nom de madame Jackson. L'habitude avait enfin tellement légitimé cette union irrégulière, que miss Makensie, quoique sachant la vérité, avait toujours regardé le planteur de la *Blanche-Couronne* comme un homme marié. On comprendra donc combien ses propositions durent la saisir et la surprendre. Du reste, lors même que son affection sincère pour Jones ne lui eût pas rendu toute autre union odieuse, l'idée de chasser ainsi une femme du lit de M. Jackson pour y prendre sa place lui eût fait horreur et dégoût.

Cependant elle s'épouvanta en songeant combien les passions de cet homme étaient redoutables. Comprenant qu'il n'avait procuré un emploi à son fiancé qu'afin de l'éloigner, elle eut un instant la pensée d'écrire à Jones pour qu'il revînt; mais quand recevrait-il sa lettre, et de quel secours, d'ailleurs, pourrait-il être dans les débats d'intérêts qui allaient s'ouvrir?

D'un autre côté, M. Makensie n'était point en état

de soutenir une telle discussion. Outre que sa maladie le rendait incapable d'une longue application, il avait toujours montré peu d'aptitude pour les affaires. Forcé de quitter les états du Nord par suite d'une faillite qui avait manqué le déshonorer, bien qu'elle n'accusât que son inexpérience, il n'en était devenu ni plus capable ni plus attentif. Il devait à M. Jackson la plus grande partie de l'argent qu'il avait employé, depuis dix ans, à créer son habitation, et sentant l'impossibilité de satisfaire à ses engagements, il avait fait comme tous les hommes faibles en face du danger, il avait fermé les yeux.

Jenny pensa donc que le seul homme qui pût régler convenablement ces affaires était son oncle Williams. Établi dans le New-Hampshire, il promettait depuis longtemps de venir visiter son frère de l'Alabama ; la jeune fille lui écrivit pour lui apprendre l'état désespéré dans lequel ils se trouvaient, et le supplier de hâter son arrivée.

Cependant M. Mackensie s'affaiblissait de jour en jour, et tous les remèdes avaient été reconnus impuissants contre cette langueur mortelle. Son mal était un de ceux auxquels les médecins ne trouvent point de nom : la vie semblait décroître en lui comme une source que quelque feu souterrain fait tarir. Ce n'était point un homme malade, mais un homme qui avait besoin de mourir.

Il continuait pourtant à se lever et à diriger la plantation ; seulement, chaque jour, il retranchait quelque chose à ses travaux, et laissait décroître, avec ses forces, sa sphère d'activité : on eût dit qu'il rétrécissait à dessein son horizon pour l'amener insensiblement à la dimension d'une tombe. La fin de cet homme, se retirant ainsi pas à pas de l'existence, avait l'air d'une retraite plutôt que d'une agonie.

Souvent, le soir, après avoir donné des ordres ou réglé quelques comptes, il venait s'asseoir, tout pâle, sous le chèvrefeuille de la pelouse. Alors, en regardant autour de lui ces jeunes arbres qu'il avait plantés et qu'il ne verrait jamais grands, ces constructions commencées qu'il ne devait point finir, et la douce jeune fille qu'il allait laisser sans appui au milieu de ce chaos d'essais inachevés et d'espérances avortées, il sentait un frisson courir dans ses cheveux ; il se redressait avec un élan de résolution, rappelait à lui ses forces et s'excitait à vivre !... mais ces réveils d'énergie étaient courts et toujours suivis d'abattements plus profonds; aussi M. Makensie les évitait-il comme d'inutiles révoltes contre sa destinée.

Il y a d'ailleurs, dans les agonies insensibles, une langueur qui n'est pas sans charmes, et le père de Jenny s'abandonnait le plus souvent à cette confuse jouissance. Pareil à un voyageur arrêté au sommet de la dernière montagne, il se penchait sur la vie pour en écouter les derniers bruits et en respirer les derniers parfums, sans s'occuper de la nuit, qui venait.... — Suave imprévoyance des mourants, qui leur fait trouver d'étranges douceurs au milieu de leur propre destruction, et qui leur montre l'instant suprême où la sensation s'évanouit et où tout s'efface, comme un soleil couchant de la vie!

Du reste miss Jenny ne négligeait rien pour entretenir cette quiétude. Elle avait deviné les soucis de son père et s'efforçait d'en distraire sa pensée. Lorsque M. Makensie s'inquiétait des cultures qu'il ne pouvait visiter, et craignait pour les récoltes prochaines, qui devaient arrêter ou décider sa ruine, Jenny le conduisait le long des haies de laurier toutes brodées de lis écarlates; elle lui faisait écouter les oiseaux cachés dans les bosquets de camélias sauvages, lui montrait l'Alabama qui coulait sous les galeries de l'habitation, les grandes forêts vierges perdues à l'horizon; et, au milieu de tant d'harmonies ineffables, le malade oubliait ses inquiétudes; il respirait l'air embaumé, écoutait le bengalis, contemplait les eaux, les bois, les montagnes, et son bonheur lui semblait de la richesse; et, rassuré par l'opulence de la création, il ne pouvait se croire pauvre, entouré de tant de trésors!...

Jenny était loin de partager la tranquillité qu'elle savait inspirer à son père. Depuis son entretien avec le planteur de la *Blanche-Couronne,* ses inquiétudes allaient chaque jour croissant. Elle avait calculé le temps nécessaire pour que son oncle Williams lui répondît du New-Hampshire; mais, comme il arrive toujours quand on a l'impatience et le désir pour arithmétique, elle n'avait tenu compte, dans ses calculs, ni des obstacles inévitables, ni des retards imprévus, ni de la lenteur des décisions : l'attente et la logique vivent rarement en bonne intelligence; miss Makensie s'étonna donc bientôt de ne point recevoir de réponse, et des craintes de tout genre l'assaillirent!

Un soir que M. Makensie se trouvait plus souffrant que de coutume, il prit le bras de sa fille pour se rendre à la plantation des cotonniers! mais les forces lui manquèrent en chemin, et il s'arrêta sous un berceau

2*

de vignes, où il s'assit accablé. Cependant la brise qui agitait lourdement le feuillage sembla le soulager; sa tête se pencha sur sa poitrine, ses yeux se fermèrent et il s'endormit.

Jenny était restée debout devant lui, retenant son haleine et n'osant faire un seul mouvement; mais lorsque la respiration égale du malade lui eut appris qu'il dormait paisiblement, elle jeta un dernier regard sur ce front presque dépouillé, sur ces traits transparents, sur ces mains amaigries, et, sentant que les larmes la gagnaient, elle s'éloigna en baissant la tête.

Elle alla s'asseoir à quelques pas, sous un chêne, et il y avait déjà longtemps qu'elle était là, rêveuse, lorsque son nom prononcé près d'elle lui fit jeter un cri; elle se leva vivement et se trouva en face de M. Jackson.

— Je crois que miss Makensie ne m'attendait pas, dit le planteur avec son sourire fauve; je lui avais pourtant annoncé ma visite il y a quinze jours.

— En effet, répondit la jeune fille effrayée.

— Oserai-je demander si miss Jenny a bien voulu réfléchir à notre dernier entretien?

— Oui, monsieur.

— Et ai-je été assez heureux pour lui faire goûter quelques-unes de mes raisons ?

— Je n'ai bien compris qu'une chose, dans tout ce que vous m'avez dit, répliqua la jeune fille avec effort, c'est que mon père avait contracté des obligations qu'il ne pouvait remplir.

— Mille pardons ; mais il me semble avoir aussi indiqué à miss Jenny un moyen de tirer M. Makensie d'embarras.

— Je comptais sur mon oncle Williams, dit-elle, en éludant l'observation de M. Jackson, et j'espérais qu'il serait venu lui-même régler ces affaires.

Le planteur fit un mouvement.

— Ah ! vous avez écrit à votre oncle ? fort bien... Je vois que miss Makensie n'a pas voulu avoir recours à ses amis.

— Je n'ai d'amis que mes parents.

— Et M. Cokeril ?

Jenny releva les yeux avec une sorte d'audace.

— Il est vrai, dit-elle, si Jones était ici, je serais tranquille.

Le planteur fit un signe de dédain.

— J'ignorais que M. Jones fût un défenseur si précieux, et j'étais surtout loin de penser qu'il pût disposer de dix mille dollars !

— Dix mille dollars !

— C'est le montant de la créance dont M. Makensie doit me payer demain le premier terme.

— Mais mon père n'a pas cette somme !...

— Je le sais.

— Alors vous lui accorderez un délai, monsieur ?... vous attendrez le moment des récoltes ?

— J'ai le droit de faire vendre l'habitation sur-le-champ.

— Mais vous n'en userez point ? demanda Jenny terrifiée.

— Vos résolutions décideront des miennes.

La jeune fille baissa les yeux et se sentit froide jusqu'au cœur.

— Je me suis expliqué trop clairement pour n'avoir point été compris, continua le planteur. Miss Makensie, je vous aime ; soyez à moi, et le repos de votre père est assuré. Je suis riche, vous le savez ; ma fortune entière vous appartiendra : argent, voitures, esclaves, vous disposerez librement de tout. Ce que vous souhaiterez s'accomplira ; ce que vous ordonnerez sera fait. Nous resterons dans l'Alabama ou nous la quitterons selon vos désirs : votre volonté sera souveraine pour moi et pour tous. Ne me repoussez pas, miss Makensie, car je ne veux mon bonheur que par le vôtre !

En prononçant ces derniers mots, Jackson avait essayé de prendre la main de la jeune américaine ; mais celle-ci se rejeta en arrière.

— C'est impossible ! impossible, monsieur ! Je suis la fiancée de Jones, je ne puis être qu'à lui.

— Prenez garde, miss, Jones ne retirera point M. Makensie de la situation dangereuse où il se trouve.

— Oh mon Dieu ! de l'argent !… de l'argent !… s'écria Jenny avec désespoir.

— Ah ! vous commencez à en sentir le prix !…

— Monsieur, reprit-elle en joignant les mains, montrez-vous généreux, rappelez-vous que vous êtes, depuis dix ans, l'ami de mon père.

— Vous êtes sa fille depuis vingt années, miss, et vous refusez de le sauver : pourquoi un étranger montrerait-il plus de dévouement qu'une fille ?…

— Ayez pitié de moi, monsieur !

— Non ! non ! miss Makensie ; vos prières sont inutiles. Je ne suis pas de ceux qui abandonnent ainsi à l'amiable leurs espérances et ne savent point défendre leur bonheur : l'expérience m'a depuis longtemps désabusé de la générosité. Je ne dépense point ma force en inutiles sacrifices ; je l'emploie à retenir dans mes bras ce que j'aime ! Tout ce qui pourra vous livrer à moi, j'y aurai recours... dussé-je vendre jusqu'au lit de votre père !

— Ah ! vous ne ferez point cela !

— Vous en déciderez, miss.

— Mon Dieu ! ne mettez pas à vos bienfaits un prix impossible !... Que je ne devienne point une cause de tourment et de ruine pour mon père !... Vous êtes riche ; que vous importe d'attendre ? Hélas ! vous n'attendrez pas longtemps ! Mais épargnez les derniers jours d'un mourant... Ah ! promettez-le-moi, monsieur Jackson, promettez-le-moi !...

Jenny, oublieuse de ses antipathies et de ses effrois, s'était vivement approchée du planteur ; elle avait pris ses deux mains, et presque à genoux, la tête rejetée en arrière, elle les serrait sur sa poitrine. En sentant les battements de ce sein gonflé de soupirs, Jackson fut pris d'une sorte de délire ; il enleva la jeune fille dans ses bras, et l'approchant assez de lui pour toucher des lèvres ses cheveux blonds :

— Oui, dit-il d'une voix ardente, oui, je vous le pro-

mets!... Mais dites alors que vous serez à moi! Oh!
vous ne soupçonnez pas combien je vous aime, Jenny!
Depuis six mois, je vous suis partout sans que vous
le sachiez : votre vue me fait vivre; j'ai faim et soif de
vous! Que de fois, lorsque vous passiez seule dans
les rizières, j'ai eu la pensée de fuir en vous emportant
dans le désert! Mais non, je ne veux point de violence
avec vous; je veux que vous m'aimiez; je le veux, entendez-vous, Jenny!

Il y avait une sorte de fureur et de menace dans
cette prière d'amour! la jeune Américaine voulut échapper aux étreintes de Jackson, mais il la retint de force
sur son cœur.

— Ah! ne refusez point d'être à moi, reprit-il. Écoutez : vous avez peur, peut-être, de trouver une rivale
à *Blanche-Couronne*; rassurez-vous; depuis que je
vous aime, je déteste cette femme! je vous la livrerai,
si vous voulez; si vous voulez, elle vous servira à genoux; ou, si sa présence vous déplaît, eh bien! je la
chasserai elle et ses enfants!... Ce sont des esclaves,
je les vendrai au premier marchand qui passera!

— Vendre vos fils?... s'écria Jenny en se dégageant
de ses bras.

— Je n'aime que toi! je n'aime que toi!

— Laissez-moi !

—. Non, tu m'écouteras.

— Ah ! laissez-moi... vous me faites horreur !

Le planteur pâlit.

— Horreur ! répéta-t-il avec une surprise irritée.

Et comme la jeune fille reculait toujours :

— Ah ! c'est là tout ce que mon amour a pu vous inspirer ; je vous fais horreur !... Eh bien , soit! je mériterai un tel sentiment! Allez dire à votre père qu'il se lève , miss Makensie ; le lit où il est couché m'appartient. Tout ceci est à moi, jusqu'à l'air que vous respirez ! Vous n'êtes que des mendiants auxquels j'ai fait l'aumône pendant dix ans! Mais, on ne me méprise point impunément.—Ah! je vous fais horreur ! —Faites vos adieux , alors, à tout ce qui vous entoure , miss ; car demain les hommes de justice vous chasseront d'ici ; demain, il ne vous restera point de quoi acheter un cercueil à votre père !

En parlant ainsi, Jackson secouait rudement le bras de la jeune fille, près de défaillir.

— Misérable ! s'écria tout-à-coup une voix.

Le planteur et Jenny tournèrent la tête en même temps. M. Makensie était debout à l'entrée du berceau de vignes , tenant encore à la main les branches qu'il avait brisées dans son effort pour se lever ! Pâle et chancelant, il s'avança vers Jackson, qui était resté immobile ; sa respiration sifflait dans sa poitrine, et ses lèvres tremblaient. Jenny, qui s'était précipitée à sa rencontre, se serra contre lui.

— Tu croyais ne parler qu'à un enfant facile à effrayer, dit-il ; mais j'étais là, et j'ai tout entendu.

Jackson s'était déjà remis de son premier étonnement.

— Eh bien ! dit-il froidement, que décides-tu ?

— Je décide, répondit le malade, haletant de colère, que j'irai mourir à l'hospice de Montgomery plutôt que de donner ma fille à un bandit d'Irlande.

— J'entends, tu as encore pris tes précautions pour faire banqueroute.

A ce mot, qui rappelait à Makensie un malheur dont on lui avait fait autrefois une honte, il s'élança vers le planteur la main levée. Jackson, fit un pas en arrière, et tirant un pistolet qu'il tenait caché, selon l'usage des colons, il le dirigea contre le malade ; mais celui-ci n'attendit pas le coup ; l'effort qu'il venait de faire avait épuisé ce qui lui restait de force : il ouvrit les bras en chancelant, fléchit sur lui-même et tomba.

3

— Mon père! mon père! s'écria Jenny en se jetant à genoux près de lui.

M. Makensie la regarda, tendit la main vers elle...., voulut parler....; puis sa tête retomba en arrière, et ses yeux se fermèrent pour ne plus se rouvrir.

II.

La première douleur de Jenny fut affreuse; bien qu'elle s'attendît depuis longtemps à ce moment fatal, elle se trouva sans force pour le supporter. On peut prévoir la perte d'un père, et s'y croire résigné; mais lorsqu'il manque, on découvre que cette résignation n'était qu'une espérance déguisée. Puis, tant que nous voyons l'être aimé, nous devinons mal ce que c'est que mourir; on ne comprend la mort que par l'absence.

Miss Makensie l'éprouva vivement; tant qu'elle put voir même le cadavre de son père, son désespoir eut une certaine mesure, et elle conserva, au milieu de tous ses déchirements, une sorte de doute consolateur; mais une fois le cercueil emporté et la maison redevenue silencieuse, une conviction écrasante s'empara de son âme; elle sentit comme un vide immense dans sa vie, et comprit enfin clairement qu'elle était orpheline.

Le cri qui s'échappa de son cœur à cette pensée fut autant d'épouvante que de douleur. Les menaces de Jackson, un instant oubliées, lui revinrent alors à la mémoire. Elle regarda autour d'elle, et, se voyant seule, sans amis, sans parents, sans protecteurs, elle sentit l'espoir s'abîmer sous ses pieds comme une barque submergée.

La vue de son oncle qui arriva le soir même l'arracha heureusement à ce délire d'épouvante. Williams Makensie, qu'elle n'avait jamais vu auparavant, était un véritable descendant de Penn : grave avec les hommes, doux avec les femmes et les enfants, il avait toujours vécu, sans révolte, sous le double joug de la loi et de l'Évangile. Bien que le feu des passions n'enflammât jamais ni son regard ni sa voix, il y avait de la tendresse dans son œil serein, et son accent devait rappeler celui du Christ sur la montagne.

Après avoir embrassé Jenny, il l'assit sur ses genoux et la laissa pleurer quelque temps contre son épaule; puis, relevant le front de la jeune fille avec une sollicitude paternelle :

— Assez, lui dit-il ; Dieu permet les larmes, mais il aime le courage. Ne vous croyez point orpheline parce mon frère n'est plus ; vous serez ma fille désormais, et je vous chérirai comme on chérit son dernier enfant.

Cependant la mort de M. Makensie avait bientôt été connue dans l'Alabama, et avait donné l'éveil à ses créanciers. On les vit arriver de Montgomery et d'ailleurs, apportant leurs règlements de compte. M. Jackson se présenta à son tour avec les titres de ses énormes créances.

Comme les affaires de M. Makensie étaient fort en désordre, son frère et le planteur de la *Blanche-Couronne* furent priés de dresser un inventaire exact de la succession. Tous deux se partagèrent le travail : Jackson se chargea d'examiner les livres et les papiers du mort ; Williams de dresser un état des terres et des récoltes.

Miss Makensie était loin de soupçonner que cet inventaire préparait sa perte.

Le travail de l'oncle Williams et de Jackson, relativement à la succession de M. Makensie, dura une semaine entière, pendant laquelle Jenny s'abstint de sortir, afin d'éviter la rencontre du planteur. Cependant ces jours de retraite, loin d'exalter son désespoir, le

3.

calmèrent. Les distractions qui nous sont apportées par les autres peuvent nous étourdir ; mais dès qu'elles nous manquent l'angoisse revient, aussi nouvelle et aussi poignante. Dans la solitude, au contraire, on voit la douleur face à face, on la manie, on s'y habitue ; elle n'a plus bientôt à nos yeux rien de nouveau, et l'on s'en console, non pour l'avoir fuie, mais pour l'avoir épuisée.

Jenny, d'ailleurs, éprouvait quelque joie à penser qu'elle quitterait dans peu de temps un lieu où tout lui rappelait de tristes souvenirs et de perpétuelles terreurs.

Enfin l'inventaire se termina, et ceux qui avaient des droits à faire valoir sur la succession furent convoqués pour entendre le rapport de Williams et de Jackson.

Une réunion de créanciers chez leur débiteur est toujours un spectacle curieux, c'est là que la cupidité et l'égoïsme se montrent dans leur splendeur. Il faut voir tous ces hommes se regarder et s'observer avec un mécontentement soupçonneux : il faut les entendre s'interroger précautionnellement et se mentir sans rougeur. Les yeux se promènent partout ; on inventorie ce qu'on aperçoit, on touche le marbre des cheminées, la soie des rideaux ; on cherche sur le piano le nom du facteur ; on estime, on soupèse chaque chose, et l'on marque d'avance le morceau que l'on tient à emporter de cette curée.

Les créanciers de M. Makensie avaient déjà fait cet examen en détail lorsque Jackson et Williams entrèrent.

Celui-ci était triste ; mais dans les yeux de l'autre brillait une joie sauvage. Tous deux s'assirent en face de l'assemblée, et Williams commença à lire l'inventaire qu'il avait dressé.

Les terres, l'habitation, les récoltes, les esclaves y étaient estimés avec une exactitude scrupuleuse ; le tout montait à la somme de vingt mille dolars.

— Vingt mille dollars seulement ! s'écrièrent plusieurs créanciers.

— Attendez, interrompirent quelques autres : M. Jackson a peut-être découvert des valeurs dans les papiers de M. Makensie.

— Aucune, messieurs.

Ce fut alors une rumeur générale, et les récriminations contre le défunt éclatèrent.

— Je l'avais toujours prévu, dit un gros Hollandais, enrichi dans le commerce des nègres : c'était un

correspondant de la société de colonisation, un aboli-
tioniste déguisé.

— Il a voté contre Trelitt, ajouta un entrepreneur
d'élections.

— Un homme sans religion, qui faisait de la musique le dimanche, répéta un quaker scandalisé.

Et les cris de réprobation allaient croissant.

— Ainsi nous perdrons un tiers au moins.

— Vous ne perdrez rien, messieurs, dit Jackson;
l'inventaire de M. Williams Makensie ne comprend pas
toutes les propriétés de son frère, et il en a oublié une
des plus importantes.

— Laquelle.

— Sa fille.

Il y eut un murmure d'étonnement, et tout le monde
se regarda.

— Je ne vous comprends pas, dit Williams.

— Je vais me faire comprendre, monsieur. Ces pièces, trouvées parmi les papiers de M. Makensie, prou-
vent que la femme qu'il épousa en Louisiane, il y a
vingt ans, était de race esclave ; or les enfants devant
suivre, d'après nos lois, la condition de leur mère, miss
Jenny, fille d'un esclave, est esclave elle-même, et
appartient comme telle à la succession de M. Makensie.

— C'est impossible ! s'écria Williams ; où sont ces papiers, monsieur ?

— Les voici.

Le vieux colon fut prié de les lire à haute voix.

Il résultait de ces pièces que des démarches avaient été faites par M. Makensie pour l'affranchissement de la mère de Jenny, mais qu'elles avaient été interrompues, d'abord par la faillite qui l'avait forcé de quitter la Louisiane, puis par la mort de sa femme. Les preuves étaient, du reste, trop claires pour permettre le plus léger doute.

Williams demeura un instant immobile après cette lecture.

— Monsieur est-il convaincu ? demanda Jackson ironiquement.

Le vieillard accablé garda le silence.

— M. Williams Makensie comprend maintenant, j'espère, que sa nièce est une valeur qu'il doit ajouter à l'inventaire.

— Écoutez-moi, dit celui-ci en se levant, je n'ai rien à dire contre votre loi infâme ; c'est la loi !... seulement, je demande à racheter la fille de mon frère. Je suis pauvre et j'ai six enfants ; mais, à défaut d'autre héritage, ceux-là sont sûrs de la liberté. Je paierai pour Miss Makensie le prix de l'esclave le plus robuste de l'Alabama; vous trouverez peut-être que c'est acheter assez cher une enfant sans force et inhabile à tous les travaux.

— Miss Jenny est belle, fit observer un créancier, et l'on trouve toujours de l'occupation pour une jolie fille.

— Horreur! s'écria Williams.

— On voit que vous ne connaissez point l'article, *massa*, dit en riant le Hollandais; du reste, on n'a l'habitude de vendre ni d'acheter en cachant la marchandise: où est la quarteronne, qu'on l'estime en conscience?

— C'est juste, répéta-t-on de toutes parts; il faut la voir: faites venir la jeune fille.

M. Makensie essaya vainement des objections: on ne l'écouta point; il comprit que la résistance serait inutile, et, craignant que quelque autre n'allât chercher Jenny, il sortit pour l'avertir lui-même.

Il la trouva occupée à arroser des fleurs: en apercevant son oncle elle sourit d'abord; mais presque aussitôt elle remarqua sa pâleur.

— Qu'avez-vous? demanda-t-elle effrayée.

Williams n'avait ni le temps ni la présence d'esprit

nécessaires pour adoucir la nouvelle qu'il venait lui apporter. Il la lui annonça donc brusquement et sans préparation. Miss Makensie fut comme frappée de la foudre.

— Ne craignez rien, lui dit le vieillard; quoi qu'il puisse m'en coûter, je vous sauverai.

Miss Jenny ne le crut pas. Avec cette lucidité rapide et profonde que donne le danger, elle avait compris sur-le-champ que tout espoir était perdu, et qu'elle était tombée au pouvoir de l'homme qu'elle avait si outrageusement repoussé.

Cette conviction soudaine, qui aurait pu l'abattre, la releva au contraire. Tant que l'on peut disputer quelque chose au malheur, on s'épuise en angoisses déchirantes. Mais quand le désastre est immense et irréparable, on s'y abandonne. Alors, d'ailleurs, il s'élève dans l'âme de subites résolutions qui arrêtent tous les désespoirs; les extrêmes douleurs décident aux extrêmes remèdes, et l'abandon de soi-même tient lieu de consolation.

Ce fut donc avec une sorte de calme pareil à celui du condamné partant pour l'échafaud, que Jenny dit à son oncle qu'elle était prête à le suivre. Sans chercher à s'expliquer la cause de cette courageuse tranquillité

M. Makensie s'en réjouit et encouragea sa nièce à y persister.

Cependant les créanciers attendaient avec impatience et trouvaient que l'absence de l'oncle se prolongeait outre mesure; les plus soupçonneux s'inquiétaient déjà.

— S'il allait faire échapper sa nièce, dirent les plus avides.

— Non, répondit le Hollandais qui avait entr'ouvert la porte; la voici.

Williams parut en effet, tenant par la main miss Makensie.

La jeune fille était si pâle, mais si fière, il y avait dans toute sa personne une douleur si haute et si ré-résolue, que les créanciers s'écartèrent devant ses pas.

— Je vous amène votre esclave, dit le vieux colon avec une dignité amère; puisque les créatures de Dieu sont ici des choses que l'on vend et dont on hérite, voyez vous-même ce que je dois vous la payer.

— C'est de la marchandise de première qualité, murmura à demi-voix le Hollandais.

— Mettez-la donc à prix, monsieur.

Les créanciers ayant confirmé cette prière, le marchand d'esclaves s'approcha de Jenny, l'examina avec attention, la mesurant et la soupesant de l'œil:

— On en trouverait deux mille dollars, dit-il.

— J'en donne trois mille, répliqua Williams.

Les créanciers allaient se consulter, lorsque Jackson, qui avait tout suivi jusqu'alors avec un sourire silencieux, s'avança et dit froidement:

— Je donne six mille dollars.

Au son de cette voix, Jenny tressaillit, mais ne montra aucune surprise : elle l'attendait.

— Sept mille dollars, reprit Williams.

— Huit mille.

— Neuf mille.

— Dix mille.

M. Makensie s'arrêta comme effrayé. Il pensa que dix mille dollars formaient plus de la moitié de la fortune qu'il devait laisser à ses enfants. Jenny, qui s'aperçut de cette hésitation, lui saisit la main :

— C'est assez ! mon oncle, balbutia-t-elle, abandonnez-moi.

— Monsieur, dit Williams à Jackson, je sais que vous pouvez disposer de plus d'or que moi ; mais ayez pitié de ma pauvreté. Ceci n'est point une lutte que j'engage contre vous..., c'est un devoir que j'accom plis ; ne m'enlevez pas cette enfant : c'est la fille de mon frère ; je lui ai promis d'être son père désormais : au nom du Dieu tout-puissant, ne me l'enlevez pas!

Le vieillard avait la voix tremblante et des larmes dans les yeux. Il prit la main de Jenny, et, se tournant vers les créanciers :

— Je donnerai douze mille dollars, dit-il.

— J'en donnerai quinze mille , répliqua Jackson froidement.

— Abandonnez-moi ! abandonnez-moi ! cria Jenny. Mais Williams était pâle de colère et de douleur.

— Mon frère redoit vingt mille dollars, s'écria-t-il ! Eh bien ! je m'engage à les payer dans une année.

— Je les paie de suite, répondit Jackson, en jetant sur la table les vingt mille dollars en banknotes.

A cette vue les créanciers se rapprochèrent d'un mouvement commun.

— Affaire conclue, s'écria le Hollandais : à nous les billets, et à vous la fille.

M. Makensie se laissa tomber sur un fauteuil et se couvrit le visage de ses deux mains.

— Cela devait être, dit Jenny, avec une sorte de désespoir calme et profond ; cela devait être, ô mon oncle ! vous n'étiez pas assez riche pour me sauver !...

Ne vous affligez pas, car je suis résignée ; et rappelez-vous ce que vous m'avez dit vous-même : *Dieu permet les larmes, mais il aime le courage.*

Puis, tombant à genoux devant le vieillard et saisissant ses mains :

— Écoutez seulement ma dernière prière, ajouta-t-elle d'une voix vibrante de larmes retenues : Jones est maintenant à Boston, plein d'espérances !... Dans ce moment peut-être il fixe le moment où nous devons être réunis pour toujours ! Je crains sa douleur lorsqu'il apprendra le coup qui me frappe : que cette nouvelle ne lui soit pas du moins apportée par un étranger ! Promettez-moi de la lui annoncer vous-même, ô mon oncle ! de veiller sur son désespoir et de le consoler.

— Je te le promets, répondit Williams en pleurant.

La jeune fille américaine retira de son doigt un anneau d'or :

— Vous lui rendrez sa bague d'alliance, dit-elle ; mais répétez-lui bien que j'aurai vécu et que je mourrai sa fiancée !

L'oncle et la nièce restèrent quelques instants dans les bras l'un de l'autre, étouffés par les sanglots. Enfin celle-ci sembla faire un effort surhumain ; elle posa les deux mains sur son cœur, comme si elle eût

voulu y refouler le.désespoir, se leva et jeta autour
d'elle un regard effaré.

Les créanciers s'étaient retirés dans la pièce voisine
pour régler leurs comptes, et elle se trouvait seule
avec M. Makensie. Elle fit quelques pas autour de
cette salle, où tout lui était familier ; ses yeux se repo-
sèrent sur les fleurs cultivées par elle, sur la corbeille
d'écorce renfermant sa broderie, sur la volière qu'elle
avait coutume de soigner, et, ouvrant les bras comme
si elle eût voulu tout embrasser :

— Adieu, dit-elle, tout ce que j'ai aimé !

Puis, apercevant un portrait de femme suspendu au
mur :

— O ma mère ! béni soit Dieu de t'avoir fait mourir
la première ! Du moins tu n'auras pas vu vendre ta
fille, et maintenant tu es libre pour toujours !

Elle s'approcha alors de la fenêtre, regarda la campagne, le ciel et l'Alabama, qui coulait sous le balcon,
et se cacha le visage.

Il y eut encore un silence pendant lequel on n'entendit que les soupirs de la jeune fille et du vieillard.
Tout à coup la porte s'ouvrit et Jackson parut.

— Je viens savoir si miss Jenny a pris congé de
son oncle, dit-il lentement.

— Cette vente est-elle donc réellement et irrévocablement accomplie? demanda Williams.

— En voici l'acte signé par les créanciers, monsieur.

Le vieux colon prit machinalement le papier et demeura accablé.

— Et le prix payé pour moi a fini d'acquitter ce qui était dû? demanda Jenny; l'honneur de mon père est à l'abri désormais?

— M. Williams Mahensie recevra tout-à-l'heure quittance générale pour son frère; il ne reste plus à miss Jenny qu'à suivre son nouveau maître.

— Alors, adieu mon oncle Williams! cria la jeune fille en étendant les bras; adieu Jones, adieu ma mère!...

Et, courant vers la fenêtre, elle se précipita dans l'Alabama.

LA BOURGEOISE

LA BOURGEOISE.

I.

— Mon Dieu, que c'est beau le commerce! qu'un commerçant est un être noble et supérieur! Dites-moi, ne vous êtes-vous jamais arrêté, immobile de surprise, devant un de ces hommes-barêmes qui se sont faits livres à parties doubles, et dont l'intelligence entière est passée dans un carnet à échéance! Quelle irrésistible force de volonté n'a-t-il pas fallu pour vider leur poitrine du cœur qui s'y trouvait, pour se faire hommes artificiels, se recomposer pièce par pièce, remplacer toutes leurs passions, tous leurs élans, par l'admirable calcul de l'intérêt simple et composé? Oh! je vous le demande avec sincérité, connaissez-vous

un être plus curieux, plus étrange, plus fantastique,
que l'épicier, tant et si lâchement raillé par ce siècle
gamin, qui siffle toutes ses gloires? Qui sut jamais
mieux que lui dompter les influences mesquines de la
nature? Brutus de la boutique, qui sut marcher plus
obstinément, plus irrévocablement dans la route tra-
cée? N'y a-t-il pas quelque chose de saisissant dans le
calme de cet être humain qui a pris à deux mains toutes
les illusions de la vie, comme des fleurs qui voilaient
son chemin, et qui les a foulées aux pieds? N'est-ce
pas un spectacle à épouvanter que de le voir abdiquer
gaîment sa part de paradis terrestre pour s'incruster
à un comptoir, se souder à une balance, se faire trousse
d'échantillons; et, matérialisé ainsi, devenu une chose
qui marche, qui compte, qui vend, rester indifférent à
tout ce que le Créateur a jeté de beau et de caressant
autour de nous; au soleil mourant dans la mer, à un
chant sortant, à minuit, d'une fenêtre entr'ouverte, à
une étoile brillant seule au ciel, comme la nacelle en-
flammée d'un archange? O fantastique, ô prestigieux,
ô prédestiné, ô dramatique épicier! pourquoi lord Byron
ne t'a-t-il pas connu?

Celui qui se répétait mentalement cette belle tirade
sur les épiciers, était un jeune homme d'environ vingt-

quatre ans, parcourant alors la *Fosse*, à Nantes, une
main dans son gousset et tenant de l'autre un crayon
et un memento. Trois énormes *barges*, chargées de
café bourbon, débarquaient leur fret devant le *Sanitat;*
mais le jeune commis-marchand, plus occupé de ses
réfléxions que du débarquement, avait depuis cinq
minutes les yeux tournés vers l'horizon, du côté de
Trentemoux.

— Faites donc attention, Bian! s'écria tout-à-coup
une voix qui sortait d'une tente élevée sous les grands
arbres, voilà trois balles que vous oubliez de marquer.

Le jeune homme se détourna vivement, et répara
son omission.

— Pardon, monsieur Durand, mais on ne fait pas un
négociant en huit jours, dit Edmond Bian en souriant
doucement.

Presqu'au même instant, celui à qui il parlait sortit
de la tente.

C'était un homme grand, pâle, presque chauve et
d'environ quarante ans. Il s'approcha du parapet, cra-
cha dans la rivière, s'appuya le front sur sa main gauche, et se mit à regarder vers le bas du fleuve, d'un
air mélancolique. Ses yeux semblaient s'égarer avec
préoccupation sur cet admirable mélange de feuillages,

de mâts et de maisons blanches, que présente la Loire du côté des *Salorges*. Edmond s'approcha.

— Eh bien, vous voilà comme moi en admiration devant ce spectacle, dit-il. Cet aspect est si beau ! surtout par un temps de brume comme aujourd'hui, et avec ces barques qui glissent là-bas, sans que l'on sache si c'est sur le fleuve ou dans le ciel. Cette île qui a l'air d'une corbeille de verdure flottant sur les eaux... Mais à quoi pensez-vous donc, tout silencieux ?

L'homme chauve détourna sa figure pâle, et regarda le jeune homme avec des yeux bleu-porcelaine.

— Je pensais, dit-il, qu'il n'y a pas assez d'eau en rivière pour que la *Créole* puisse monter ; ce retard nous fera perdre au moins un demi pour cent sur nos cafés.

Edmond fit un pas en arrière et tourna brusquement le dos sans répondre.

Depuis huit jours qu'il habitait Nantes, ce n'était pas la première fois qu'une parole glacée était tombée sur son enthousiasme comme une douche sur le front d'un aliéné.

Edmond Bian était venu apprendre le commerce chez son oncle Joseph-Anselme-Barnabé Poireau et compagnie. Il avait été reçu par celui-ci, sur lettre

d'avis, avec autant d'égards que la meilleure pacotille
des Antilles, et l'on commençait depuis quelques jours
à l'initier aux arcanes du négoce.

Joseph-Anselme-Barnabé Poireau, de Nantes, était
un de ces êtres privilégiés qui plantent une graine de
radis et à qui il pousse un oranger. Avec des capacités
médiocres tout lui avait réussi. Il avait traversé heureusement les révolutions, se tenant toujours sagement
dans le parti du plus fort. Administrateur d'une commune rurale dans laquelle il possédait une maison de
campagne, il avait su se maintenir à son poste sous
tous les pouvoirs. A chaque changement de dynastie,
il écrivait à Paris pour *accuser réception du nouveau
gouvernement* et protester de son dévouement à l'ordre
de choses qui venait de s'établir. Il était arrivé ainsi
jusqu'en 1850, acquérant la réputation d'un homme
trop modéré et trop sage pour s'occuper des affaires
de son pays.

Comme je l'ai déjà dit, Edmond Bian fut reçu par
l'honorable négociant avec tous les égards que l'on
doit à sa famille; car Barnabé Poireau avait hérité des
vieux principes, et professait un égal respect pour les
denrées coloniales et pour les cousins. On pouvait

exiger son affection, un acte de naissance à la main. C'était ce qu'on appelait un bon parent.

Cinq jours après son arrivée à Nantes, Edmond écrivit à l'un de ses amis, avocat à Angers, la lettre qu'on va lire.

« Mon cher Stanislas,

« Prépare ma mère à mon retour, car je ne pourrai
« me résoudre à demeurer ici au milieu des balances,
« des bûches de Campêche et des négociants.

« Mon oncle est un excellent homme (tu le connais),
« rond, fleuri, gaillard; un homme aussi facile dans la
« circulation qu'une bonne vieille pièce de cinq francs
« quatre-vingtscentimes que les juifs n'ont pas rognée.
« J'aimerai beaucoup à le voir une fois par mois, après
« dîner, à l'heure où je digère et où je ne pense pas ;
« mais pour mon usage particulier, il est un peu trop
« positivement ennuyeux. D'ailleurs il exige dans
« ceux qui l'entourent une ponctualité, une liberté
« d'esprit que je ne pourrai jamais atteindre. Il faut,
« depuis neuf heures du matin jusqu'à quatre heures
« du soir, calculer des bordereaux, jurer contre des
« portefaix, marchander avec les pratiques, ou faire
« peser du sucre terré et non terré !... Mieux vaudrait

« fabriquer, pendant douze heures, des têtes d'épin-
« gles ou des circulaires ministérielles !

« Pour toute société, j'ai, dans la maison, l'ancien
« commis de mon oncle, aujourd'hui son associé,
« M. Durand, le meilleur homme du monde aussi, mais
« la plus flegmatique, la plus commerciale, la plus
« arithmétique figure que tu aies jamais pu rêver. Il
« était *saute-ruisseau* chez M. Poireau, et à force de
« persévérance il est parvenu à devenir son égal. C'est
« un homme qui ferait une balance de comptes au
« milieu des débris du monde, et je suis sûr qu'au
« jour du jugement il se réveillera en répétant sa table
« de multiplication. Il fournit la preuve vivante de
« cette vérité, que pour arriver à un but il suffit de le
« vouloir longtemps. Il est devenu riche parce qu'il
« n'a jamais eu d'autres pensées. Aussi a-t-il tout
« pouvoir dans la maison, et je dois dire qu'il n'en
« abuse pas. Vous verriez une règle de trois se mettre
« en colère plutôt que lui. Il a calculé combien la
« patience rapportait pour cent, et sait au juste quel
« avantage il y a dans la douceur. Tu conçois que sa
« réputation sur la place est excellente et qu'il jouit
« d'un certain crédit dans la ville. C'est un de ces
« hommes dont on fait des marguilliers ou des ad-

« joints, selon que le pouvoir s'appelle Charles ou
« Philippe.

« Tant qu'à ma cousine Rose, je ne t'en parlerai
« pas; c'est à peu près tout ce qu'on peut en dire.
« — Figure-toi une petite personne pâle, ayant de
« grands yeux bleus et de fausses manches en toile
« verte, pour ne pas tacher sa robe. Elle tient le livre-
« journal, fait des factures en belle anglaise, et passe
« sa vie entre les cartons de correspondance, les pains
« à cacheter et les grattoirs. Elle me fait ici l'effet
« d'une double porte ; je ne la remarque pas tous les
« quinze jours.

« Juge, Stanislas, si j'étouffe au milieu de cette
« famille ! Je serais déjà reparti sans ma mère. Elle
« voudrait me voir un état qui me promit de la for-
« tune, elle pense que mon oncle pourra m'être utile ;
« tout son avenir s'est basé là-dessus. Elle m'a bâti
« une vie à sa manière, à laquelle je n'ose pas encore
« toucher ! Et pourtant, tu sais, ami, que je ne
« suis point né pour les étroites et tracassières occu-
« pations que l'on veut me donner. Soit folie, soit ins-
« tinct, je sens parfois ma main qui se porte sur mon
« front, et je me dis, comme André Chénier : *J'ai*
« *quelque chose là !*

« Malgré la prosaïque existence qui m'entoure,
« l'enthousiasme et le délire débordent en moi.... Je
« ne puis voir un livre nouvellement imprimé sans
« éprouver un battement de cœur. Lorsqu'un nou-
« veau nom surgit dans les arts, je me sens saisi,
« mécontent.... Il me semble que toutes les places se
« prennent et qu'il ne m'en restera plus. Je suis triste
« de la gloire des autres ; je résiste à la conviction de
« leurs triomphes, et il y a des heures (j'en rougis,
« ami) où je me crois envieux !... — Oh! c'est chose
« ignoble, en vérité, que le cœur humain !

« Adieu, mon *vultur togatus ;* de bonnes digestions,
« et des procès,

« EDMOND BIAN. »

Huit jours après le départ de cette lettre, au fond
d'une des maisons les plus obscures de la Fosse, dans
un bureau de huit pieds carrés, séparé du reste de la
chambre par un grillage de sapin, une jeune fille était
assise, le corps droit, et sérieusement occupée à remplir de chiffres les colonnes d'un registre. A son petit
bonnet de tulle, sous lequel paraissaient quelques
papillottes en papier gris, à ses vieux gants tachés
d'encre et coupés au bout des doigts, à son tablier noir

5*

à larges poches, à ses fausses manches vertes, et surtout à son front pâle et fané, il était facile de la reconnaître pour une de ces filles de marchand clouées dès l'enfance à un comptoir, et tout étiolées à l'air étouffant d'un cabinet d'affaires. C'était Rose Poireau.

Il eût été malaisé de dire si Rose Poireau était laide ou jolie. Elle passait dans le quartier pour peu favorisée de la nature, car elle n'avait ni la fraîcheur vermillonnante, ni les formes vigoureuses qui réjouissent un œil bourgeois ; mais, sans posséder ce qui constitue la beauté à l'usage des commerçants en gros, Rose avait quelque chose qui l'eût fait trouver charmante dans une autre classe, sous un autre costume, et avec des habitudes différentes. Sa longue figure décolorée était à peine animée par deux grands yeux bleus, ses épaules étaient courbées, sa poitrine creuse, sa démarche embarrassée, et cependant il y avait à travers tout cela je ne sais quelle élégance aristocratique, caricaturée plutôt que détruite par des vêtements démodés et sans grâce. A la vérité, c'était là de ces nuances subtiles qui ne pouvaient s'apercevoir qu'après un long examen. En général, la première impression à la vue de Rose Poireau lui était défavorable. L'habitude de demeurer assise et accoudée lui avait donné

des mouvements raides, saccadés ; son corps, comme
celui des poupées articulées, ne semblait composé que
de trois pièces : le buste, les jambes et les bras. Chacune de ces portions évolutionnait à part, brusquement
et d'un seul coup.

Cependant pour l'observateur attentif il était facile
de voir qu'il y avait entre la nature de Rose et la position où le hasard l'avait placée, un contraste choquant
qui se reflétait sur toutes ses actions. Elle semblait
avoir deux côtés gauches ; chez elle, rien n'était à sa
place, tout manquait d'aisance et de liberté.

Et comment en eût-il été autrement ?... Rose n'avait
jamais eu d'enfance. A peine avait-elle su écrire, que
son père l'avait attachée à un bureau. Dépouillée des
joies du premier âge, elle n'en avait jamais eu la gen-
tillesse ; aussi avait-elle conservé cette gaucherie
timide qui n'appartient ni à l'enfant, ni à la jeune fille,
et que donnent si fréquemment les éducations forcées
des colléges. Car l'élégance du corps dépend presque
toujours du bonheur des premières années ; beaucoup
d'hommes ne sont disgracieux que pour avoir été malheureux. L'enfance est comme une fleur, qui ne se
développe qu'en plein air et aux rayons d'un soleil
caressant.

Cependant, depuis l'arrivée d'Edmond Bian, il s'était fait quelques changements dans l'extérieur de Rose. Le poétique jeune homme était tombé comme une étoile dans la sphère obscure qu'elle habitait. C'était la première fois qu'elle avait entendu un homme parler d'autres choses que de tarifs et d'arrivages. Aussi, depuis quelques jours, paraissait-elle plus distraite. Son visage s'animait d'une rougeur subite en présence d'Edmond, et Barnabé Poireau s'était aperçu, avec stupéfaction, que sa fille faisait des pâtés sur ses registres et des erreurs dans ses additions.

Au moment où nous avons représenté Rose à son bureau, elle achevait le travail de la matinée. Lorsqu'elle eut fini, elle s'appuya toute pensive sur son pupitre, les yeux fixes et grands ouverts. Un pas vif qui se fit entendre dans les escaliers l'arracha à sa méditation; elle se hâta de reprendre sa plume, en rougissant jusqu'aux tempes. Edmond entra.

Il s'approcha de la jeune fille et lui remit un papier.

— C'est le recensement du grand magasin, dit-il.

Rose le remercia.

— Encore du travail, ajouta le jeune homme; ce sera long à transcrire et cela va bien vous ennuyer.

— Oh, du tout ! au contraire.

Edmond sourit, et parut chercher quelque chose sur le bureau.

— J'avais là un relevé de factures que mon oncle m'avait prié d'achever.

— Le voici.

— Mille remercîments... Ah! mon Dieu que d'additions... J'en bâille d'avance.

Rose releva la tête, prit un petit carré de papier qui se trouvait près d'elle, et le présenta timidement.

— Tenez, j'ai fait là cette somme, en m'amusant. Elle est juste : vous n'aurez qu'à reporter le total sur le livre.

— En vérité, s'écria Edmond ; parbleu! ma cousine, voilà une galanterie arithmétique que je n'oublierai jamais.

Rose baissa la tête, humiliée. Elle avait eu l'intention d'éviter à Edmond un travail qui lui déplaisait, elle n'avait réussi qu'à s'attirer une plaisanterie ; elle sentit les effets de sa maladresse habituelle.

Cependant Edmond s'assit, et commença à transcrire quelques articles avec nonchalance. Pendant dix minutes le plus profond silence régna dans l'appartement; mais bientôt le jeune homme céda évidemment à l'ennui du travail qu'il faisait et au désir de lier conversation. Il parlait à son papier, chantait tout bas ; enfin il s'approcha de la fenêtre, comme pour tailler sa plume.

Rose écrivait toujours.

— Je vous admire, ma cousine, dit-il enfin, rien ne vous dérange. Comment pouvez-vous travailler par ce beau soleil ?

— J'y suis accoutumée.

— Et quand le soleil rit sur la Fosse comme maintenant, vous n'avez jamais désir de quitter l'atmosphère de sucre et de cannelle que l'on respire dans cette chambre, pour sentir l'air qui a passé sur les arbres et entendre un oiseau chanter ?

— Je n'ai pas le temps d'y penser.

— Vous ne vous promenez donc jamais ?

— Pardonnez-moi, le dimanche après vêpres.

— Et vous ne trouvez pas cette vie monotone.

— Je n'en ai point connu d'autres.

— A quoi employez-vous les instants qui ne sont pas consacrés au bureau ; vos longues soirées d'hiver, par exemple ?

— Je tricote jusqu'à neuf heures, puis je me couche.

Edmond coupa en deux, d'un seul coup de canif, la plume qu'il tenait à la main.

— Décidément il n'y a pas moyen de vivre dans une pareille maison, pensa-t-il tout bas.

Puis, haut et d'un ton indifférent, il ajouta :

— J'envie votre résignation ; mais je crains bien de ne pouvoir l'imiter. J'ai été habitué, moi, à vivre sous le ciel, en plein air ; j'étouffe dans un bureau.

Rose leva ses grands yeux bleus et les fixa sur Edmond.

— Comment ferez-vous donc alors ?

— Il faudra bien que je renonce au commerce. J'irai à Paris, j'écrirai...

La jeune fille croisa ses mains avec une expression d'une surprise douloureuse ; puis, voyant que son cousin la regardait, elle baissa rapidement la tête, et parut plus occupée que jamais de son livre-journal.

II.

Les rues de Nantes fourmillaient de promeneurs,
les cloches sonnaient à pleines volées ; sur la Fosse,
passaient les pensions de jeunes demoiselles, en rangs,
le livre de messe à la main et lorgnant de tous côtés,
sous leurs grands chapeaux. Partout tourbillonnaient
les commis à longs cols, à pantalons militaires et à
bottes éperonnées (car le commis de commerce est
éminemment guerrier une fois par semaine.) Les
marchandes de violettes criaient leurs bouquets aux
coins des rues, et les vieux rentiers lisaient en passant l'affiche du spectacle, longue de quatre pieds, et
qui présentait un total attrayant de dix actes ! C'était
un dimanche.

Je ne sais pourquoi, le dimanche est toujours triste pour ceux qui sentent et qui pensent ; mais il semble que l'air de fête de la foule, le bruit des cloches, le désœuvrement de toute la journée assombrissent le cœur et l'isolent. Ce jour-là point de promenades permises, de ces promenades faites, tête-à-tête, avec les arbres et le ciel. Impossible de poursuivre une inspiration dans les champs, sans la mettre, à chaque échalier, face à face avec un soldat qui écorche une baguette de noisettier, ou un bourgeois qui joue aux quatre coins avec ses deux enfants. C'est ce jour-là que se font les parties de galette, et que s'établissent les jeux de barres. Le rêveur est obligé de rester chez lui en état de siége ; les boutiquiers tiennent la campagne !

Edmond était sous cette impression fatale de la journée du Seigneur. Il avait lu, écrit, chanté, joué de la flûte, regardé dans la rue, sans pouvoir chasser cet ennui tenace, ce *spleen* stupide, que le dimanche semble être en possession d'inspirer. Son esprit, lassé de tout, était comme les malades qui se retournent de tous côtés, sans pouvoir trouver une position à conserver. Ne sachant plus où prendre une distraction, et sentant ce dégoût de la solitude, ce besoin d'entendre une voix humaine qui parfois vous saisit vivement, il descendit au salon, où se trouvait sa cousine.

Le salon de Barnabé Poireau était situé sur le derrière de la maison. C'était une grande pièce obscure qu'encombrait un immense buffet en bois de chêne, espèce d'office dont nos ancêtres étaient si amoureux, et desquels un restaurateur moderne ferait, au besoin, un cabinet particulier pour deux personnes. Ce buffet contenait une lingerie accrue pendant cinq générations dans la famille Poireau, conformément aux principes de nos mères, *qu'on n'a jamais trop de linge dans un ménage.* Le commerce avait envahi jusqu'à cette pièce, car quelques balles de sucre, dont l'odeur coloniale se faisait fortement sentir, étaient entassées dans un coin, derrière le grand buffet.

Rose était assise près de la fenêtre au moment où son cousin entra. Elle rejeta vivement quelque chose derrière sa corbeille de travail : Edmond s'approcha, et aperçut un livre.

— Ah ! vous lisiez, ma cousine ?

— Oui... je... je parcourais... ce volume.

Elle était tremblante comme si elle eut commis une mauvaise action. Le jeune homme étendit la main vers le livre mystérieux, et en regarda le titre : *Victor, ou l'enfant de la forêt, par le citoyen Ducray-Duménil.*

— Comment donc ? mais c'est un ouvrage superbe, avec une belle image où l'on voit une femme évanouie aux pieds d'un scélérat qui a de la barbe et un poignard. Et cela vous a bien émue, sans doute ?

Rose baissa la tête avec embarras. Elle ne connaissait que bien peu de romans, et *Victor* occupait le premier rang parmi ceux qu'elle avait lus jusqu'alors. Elle ressemblait à ces princesses madécasses, ignorantes des ornements de femme, et qui prennent des grains de verre pour des perles.

Cependant elle se hasarda à répondre à Edmond.

— Oh, beaucoup !

Edmond referma dédaigneusement le livre, et le laissa retomber dans la corbeille à ouvrage.

— Et ne lisez-vous que ces vieux romans ? demanda-t-il. Ne connaissez-vous aucun des auteurs modernes ? aucun poète de la nouvelle école ?

— Oh ! pardonnez-moi, j'ai lu aussi les satires de M. Despréaux et les fables du chevalier Florian.

Edmond ne put étouffer un éclat de rire ; Rose devint pâle et tremblante ; de grosses larmes roulèrent dans ses yeux.

— Mon Dieu !... j'ai dit quelque sottise peut-être..
j'ai cru que vous me demandiez...

Elle fut suffoquée, et s'arrêta pour pleurer. Edmond
en eut pitié.

— Pardon, ma cousine ; mais vous ne recevez donc
aucun journal ici ?

— Nous recevons... *l'Écho des Halles* et la *Feuille
commerciale.*

— Alors, je comprends !... la littérature n'est pas
un article qui ait cours sur les places de commerce. Du
reste, si vous désirez lire des feuilles plus attrayantes
ou jeter les yeux sur des ouvrages modernes, je pourrai vous en procurer.

Rose, dont le cœur avait été froissé, et qui retenait à
grande peine ses larmes, fit un signe de tête de remer-
cîment en murmurant quelques mots inintelligibles.

Dans ce moment son père entra.

—-Eh bien, Rose, tu oublies la messe, ma fille. La
domestique t'attend ; va, mon enfant, ou tu arriveras
trop tard.

Rose sortit.

— Diable, mon oncle, dit gaîment Edmond, je ne
vous savais pas si attentif au salut de ma cousine. Vous
êtes donc dévot ?

Barnabé Poireau regarda avec précaution si Rose était partie, ouvrit la bouche dans toute sa grandeur pour sourire, et, baissant la voix :

— Moi, dévot, mon bonhomme ; laisse donc ! ce n'est pas à mon âge qu'on est la dupe des prêtres : mais il faut de la modération en tout, mon cher ami. Certaine-ment je sais à quoi m'en tenir sur la religion ; aussi, quant à moi, je n'ai pas de compte ouvert avec l'église ; mais pour les femmes et le peuple, vois-tu, il en faut, il en faut absolument. Cela les retient. Aussi, j'exige que ma fille suive les offices et fasse ses pâques, ça ne me coûte rien, et je suis plus tranquille.

Edmond s'inclina sans répondre. Il y a de ces ab-surdités devant lesquelles l'esprit s'arrête comme de-vant l'infini.

On conçoit sans peine l'impression que durent faire sur notre jeune homme des conversations du genre de celles que nous venons de rapporter. Comme tous les hommes à vives émotions, il jugeait vite et d'après ses impressions premières. Il confondit dans le même arrêt son oncle et sa cousine, et ne se demanda pas si l'édu-cation avait seule manqué à cette dernière et si son imbécillité apparente n'était pas seulement de l'igno-rance.

6.

Malheureusement ce qu'il y avait d'extérieur chez Rose le confirmait dans le jugement défavorable qu'il avait porté d'elle. Étrangère à tout ce qui avait fait l'objet des études d'Edmond, elle était, par rapport à lui, comme ces Anglais qui ne connaissent point notre langue, et qui, en cherchant à l'employer, nous paraissent ridicules et stupides.

Puis ce sentiment artiste qui ne se développe en nous que par le contact fréquent des arts, cette délicatesse intelligente qui nous fait distinguer les nuances, deviner la pensée là où le vulgaire ne voit rien, tout cela manquait à Rose et devait lui manquer. Peut-être son âme était-elle comme ces pierres qui demandent la touche du lapidaire pour devenir des diamants; mais Edmond jugea ce qu'il voyait. Mille occasions lui avaient révélé la gaucherie morale de sa cousine : il l'avait vue pleurer au *Fénélon* de Joseph Chénier, et ne l'avait point entendue rire au *Médecin malgré lui*. Talberg avait joué devant elle, et elle s'était ennuyée à *la bella capriciosa* d'Hummel; elle avait vu sur le bureau d'Edmond la prodigieuse *Ronde du Sabbat* de Boulanger, et avait préféré *Une tête de femme* par Dubuffe.

C'était trop pour la patience du jeune homme, il

la regarda dès lors comme incurable, et cessa totalement de s'occuper d'elle.

Ce fut un pénible désappointement, car il eût été doux de trouver dans Rose une amie, une sœur, à laquelle il pût confier une partie de ce qu'il avait dans le cœur. Sans y penser, il avait ressenti cette influence que le voisinage de la femme la plus ordinaire exerce sur un jeune homme. Tout en répétant que sa cousine ne pouvait le comprendre, il éprouvait un charme secret à entendre cette voix de jeune fille l'appeler par son nom de baptême, à sentir sa main satinée effleurer la sienne, à la voir tirer devant lui ses papillotes ou se chausser pour la promenade. Toutes ces familiarités de parentes lui semblaient delicieuses, à lui, encore dans cet âge où, préparé à aimer toutes les femmes, on n'éprouve que l'embarras de se déclarer leur amant, et où l'on se passionnne pour ses cousines, uniquement parce qu'on les a sous la main et qu'on ose leur demander un baiser.

Mais une fois le charme de ces premières sensations détruit, Edmond passa, comme cela devait être, de l'intérêt que Rose lui avait inspiré malgré lui, à une sorte d'hostilité aigre et irritante. Trompé dans une espérance, il en éprouva du ressentiment contre la jeune fille, et il affecta de lui montrer une froideur dédaigneuse.

Il en résulta pour lui un genre de vie plus isolé que jamais. Il continua pourtant à supporter une situation si peu conforme à ses goûts, par condescendance pour les désirs de sa mère, par habitude, et aussi, peut-être, par suite de cette nonchalance naturelle aux hommes de pensée, pour tous les dérangements matériels. Bientôt il s'accoutuma à remplir machinalement ses devoirs. Il faisait tout ce qui lui était recommandé, mais sans intérêt, sans intelligence. M. Poireau trouvait rarement occasion de le gronder, jamais aussi celle de lui adresser un éloge. Edmond fonctionnait avec l'aveugle régularité d'une machine à vapeur. On l'eût cru stupide, tant il avait fait abstraction de son esprit, tant il s'était arrangé un *lui* animal et d'habitude pour les heures de travail.

Le soir, seulement, retiré dans sa petite chambre, et la porte fermée, il redevenait artiste, et s'occupait avec ardeur de l'accomplissement de ses projets futurs.

Déjà de nombreux travaux littéraires avaient été entrepris par lui ; ses relations avec Paris s'étaient étendues. Il avait réussi à faire insérer quelques articles, signés de son nom, dans les journaux. A petit

bruit, il se préparait ainsi la carrière qu'il voulait parcourir. Au milieu du flux de noms célèbres qui dé-
bordaient, il se réjouissait de voir le sien se montrer
de loin en loin, comme ces gouttes d'eau qui suintent
lentement d'un rocher, et finissent, à la longue, par
former une source.

Quant à ses rapports avec sa famille de Nantes, ils
devenaient de moins en moins fréquents. Ses entretiens
avec son oncle et sa cousine étaient froids, courts et
ne comprenaient guère que les observations classiques
sur le froid et le chaud, la pluie ou le soleil. Il continuait à travailler dans le même bureau que Rose, mais
il avait renoncé à sa conversation. Son ouvrage ter-
miné, il prenait un livre qu'il cachait toujours soigneu-
sement dans une case de son pupitre, et lisait jusqu'à
l'arrivée de Barnabé Poireau, qui avait toujours lieu à
la même heure. Dès qu'il reconnaissait son pas sur
l'escalier, le volume proscrit était replacé dans sa
cachette, et une table de réduction des monnaies ou
un prix courant en prenait la place.

Cette contrainte, qu'il s'imposait lui-même pour
éviter de pénibles observations, avait un charme indicible. Il se plaisait à ces études secrètes, à ces lectures,
d'autant plus ravissantes qu'elles étaient volées sur

un temps qui ne lui appartenait pas. Il revenait à toutes ces terreurs délicieuses du collége, lorsqu'allumant clandestinement, la nuit, le reste d'un cierge bénit dérobé à la chapelle, il achevait, avec une fièvre de curiosité, un roman d'Anne Radcliffe ou de l'abbé Prévost !

Si le hasard lui procurait une heure de liberté, il était fou de joie. Il courait à sa chambre écrire quelque nouvelle pensée qui lui était venue en faisant débarquer une partie de sucre ou en dressant un mémoire de frais ; il trouvait tout le bonheur d'un avare qui compte son trésor, à contempler ses travaux secrets, qui s'amoncelaient dans son secrétaire ; c'était comme une fortune cachée qu'il grossissait en silence pour la montrer un jour dans toute sa magnificence.

Heures charmantes de courage et d'illusions, que tout artiste a connues dans sa jeunesse, alors que du fond de sa province il voyait Paris et au-dessus la gloire, brillant pour lui, comme ces étoiles qui apparaissent au sommet des montagnes et que les enfants croient pouvoir saisir en montant sur le coteau ! Hélas!... à mesure que l'on approche, gloire et étoiles s'élèvent bien plus haut que la main ne peut atteindre !

et l'homme et l'enfant, trompés dans leur espoir, poussent des cris ou versent des larmes !

Cependant, une remarque que fit Edmond piqua vivement sa curiosité. Il s'était aperçu que les livres et les journaux qu'il cachait dans son pupitre, disparaissaient fréquemment, puis étaient remis à la même place. Son oncle, non plus que M. Durand, ne pouvaient être accusés d'une indiscrétion littéraire ; tous ses soupçons retombaient donc naturellement sur sa cousine, et il acquit bientôt la certitude qu'elle avait lu tous ses ouvrages favoris.

Cette découverte lui causa une surprise qui réveilla en lui quelque intérêt pour Rose. Il se mit à l'examiner, ce qu'il n'avait point fait depuis longtemps, et s'aperçut du changement marqué qui s'était opéré en elle. La pâleur habituelle de son visage avait augmenté, ses joues s'étaient creusées et un cercle brun entourait ses yeux, devenus plus ardents. Son calme extérieur était toujours le même, mais Edmond crut y démêler parfois une rêveuse préoccupation qu'il ne lui avait jamais connue.

Peut-être allait-il apprendre la cause de ce changement, car il se préparait à une explication avec Rose, lorsque celle-ci tomba malade. Elle garda le lit quelques jours, sans que le jeune homme pût la voir, puis elle partit pour la campagne de son père , où le médecin décida qu'elle devait passer quelque temps.

Tout cela s'était fait dans la maison avec une régularité administrative. Le jour même où l'on recommanda à Rose l'air de la campagne et l'exercice, elle quitta Nantes et fut remplacée par un commis provisoire que M. Durand mit au fait du travail. Edmond n'eut connaissance de ces nouvelles dispositions qu'en demandant des nouvelles de sa cousine, au déjeûner du lendemain.

III.

Par une belle matinée du mois d'août, un laid cabriolet d'osier s'avançait sur la route de Haute-Goulaine,
tiré par un de ces chevaux demi-endormis que les
camions ont usés sur les pavés de la ville.

La voiture était conduite par Barnabé Poireau,
qu'accompagnait cette fois Edmond Bian. Ce dernier,
jeté avec nonchalance dans un coin de la voiture,
semblait distrait et ennuyé. L'oncle Poireau était au contraire vif, remuant, causeur. Ses yeux se promenaient
incessamment des deux côtés de la route, et il faisait
de fréquentes remarques sur la valeur des terres qu'il
apercevait, sur les améliorations à y apporter, remarques auxquelles son compagnon de voyage répondait

avec une brièveté désespérante. Enfin, le cabriolet s'arrêta devant une petite clôture de peu d'apparence, et les deux voyageurs descendirent.

— Ouvre la barrière, Edmond, dit le vieux négociant, et conduis la voiture le long de la grande allée ; je vais entrer par le jardin, pour voir l'oseraie qui est plus bas.

Edmond prit le chemin de l'avenue, ainsi que son oncle l'en avait prié.

Comme il approchait du bosquet de châtaigniers, il crut apercevoir de loin une jeune fille dans une position qu'il eut d'abord quelque peine à s'expliquer ; mais, en regardant de plus près, il vit qu'elle était assise sur une escarpolette, le bras gauche passé autour de la corde, et la tête penchée sur ce bras. Un de ses pieds était légèrement retiré vers elle, tandis que l'autre pendait avec une gracieuse paresse, et effleurait le gazon. Un léger mouvement que le vent imprimait à la balançoire, berçait la jeune fille, qui semblait endormie. De beaux cheveux blonds, presque détachés, retombaient sur son visage. A sa main droite était suspendu un chapeau de paille rempli de fleurs, et quelques feuilles arrêtées sur sa robe blanche se sou-

levaient à la brise, comme des papillons prêts à s'en-
voler.

Le jeune homme s'arrêta ravi devant ce charmant
tableau ; mais le bruit du cabriolet s'était fait entendre,
la dormeuse leva la tête, et écarta les cheveux de son
visage avec une grâce tout enfantine.

Deux cris partirent en même temps : c'était Rose
Poireau.

Edmond s'approcha d'elle avec un étonnement qu'il
ne chercha même pas à cacher. C'était pour lui chose
si nouvelle que sa cousine dans ce costume élégant et
léger, qu'il pouvait à peine en croire ses yeux. Jusqu'alors, il l'avait toujours vue emmaillotée d'un large
châle de grand-mère, et il la trouvait aujourd'hui vêtue
d'une seule robe blanche, et laissant voir de pâles
épaules que couvrait mal un foulard dérangé dans le
sommeil. Ce fut pour le jeune homme comme un de ces
changements à vue de l'Opéra qui vous fascinent et
vous enchantent.

Rose, de son côté, sembla, à l'aspect de son cousin,
éprouver une commotion électrique. Elle ne s'attendait
pas à le voir, et elle ne s'était habillée qu'à moitié
pour sa course du matin, peu craintive d'être aperçue
par les paysans ou les oiseaux. Elle demeura devant

Edmond, honteuse, embarrassée, les deux mains pendantes et les yeux baissés.

— Je vous ai réveillée, ma cousine, dit le jeune homme d'une voix tout émue.

— Oui,... je me trouvais lasse de courir sous le soleil, j'étais venue m'asseoir là, et je crois que je m'endormais.

— Mais vous êtes bien maintenant, reprit Edmond en s'approchant d'avantage ; vous êtes bien, n'est-ce pas ? car vous voilà éblouissante de fraîcheur.

En disant ces mots, il tendait avec affection sa main à la jeune fille. Rose souleva cinq jolis doigts nus, et les présenta à son cousin, qui remarqua pour la première fois, en les serrant, leur délicatesse mignonne.

— Mon père n'est-il point arrivé avec vous ? dit enfin la jeune fille, fort pressée d'interrompre la contemplation silencieuse d'Edmond.

— Il s'est rendu à la maison par l'oseraie.

— Allons le rejoindre alors.

Et Rose fit quelques pas en avant ; Edmond la suivit.

Lorsqu'ils arrivèrent à la porte de la maison de campagne, Barnabé Poireau était déjà occupé à discuter avec le fermier sur la valeur présumée des récoltes. Cependant il s'arracha un instant à cette intéressante conversation pour embrasser sa fille et lui demander de ses nouvelles. Rose s'occupa de tout préparer pour le déjeûner. Edmond prit un fusil, et descendit dans la vallée.

On ne se retrouva qu'à table. Durand était arrivé, et Rose s'était enveloppée dans un châle, sur l'observation de son père qu'elle s'enrhumerait. Le repas prit sa physionomie habituelle. Les deux commerçants parlèrent affaires ; Edmond et Rose gardèrent le silence.

Aussitôt sorti de table, il fallut visiter des terres, dont Barnabé Poireau voulait faire l'acquisition. Le jeune homme fut chargé d'une chaîne d'arpenteur, qui devait servir à mesurer le terrain. Cette opération dura jusqu'à trois heures. Les deux associés, de retour, se mirent à calculer ce que l'argent rapporterait, s'ils achetaient les champs en question, et quelle augmentation pourrait avoir lieu dans leur valeur.

Edmond s'échappa du salon où ils s'étaient établis.

. . . .

Avez-vous quelquefois éprouvé le bien-être que l'on ressent à se trouver seul, après un long et fatigant entretien ? Avez-vous pu, dans l'une de ces parties de campagne faites avec trente personnes, échapper un moment aux rondes et aux jeux de gages pour vous trouver seul sous quelque vaste ombrage, joyeux de mystère et de silence? Il semble alors qu'un poids affreux est soulevé de dessus la poitrine; vous vous sentez respirer, penser et vivre!

Ce fut précisément ce qu'éprouva Edmond après s'être échappé de la compagnie de son oncle et de M. Durand. Il descendit le long du bois de châtaigniers jusqu'aux prairies. L'air était chaud et parfumé par l'odeur de l'herbe fraîchement coupée. Les oseraies frissonnaient avec un murmure tristement endormeur; à l'horizon, au-dessus de masses d'arbres d'un vert foncé, s'élevaient de petits villages tout blancs, avec leurs toits rouges et leurs clochers d'un bleu ardoisé; plus bas s'étendaient les prairies, vastes savannes, du milieu desquelles des troupes d'oies demi-sauvages montraient par instant leurs têtes grises. Les chants des paysannes au lavoir, les meuglements des vaches et les sons agrestes des flûtes de Pan ou des trompes d'écorce, interrompaient seuls la silencieuse monotonie de la vallée. C'était un de ces tableaux d'un calme mélancolique et pénétrant qui vous amènent les larmes aux paupières et les plus douces pensées au cœur.

Edmond cotoyait les prés, abattant avec distraction
du bout de sa canne les églantiers qui descendaient
sur sa tête. Il ressentait l'enivrement qui coule dans
toutes nos veines pendant ces promenades à petits pas,
faites au milieu du jour, lorsque la lumière et les mille
harmonies de la campagne nous enveloppent et nous
pénètrent de toutes parts ; lorsque, rafraîchis par les
suaves émanations de la terre et du ciel, nous sentons
nos membres s'assouplir, notre front ardent s'attiédir
mollement, et notre âme, qui s'épanouit comme une
fleur, nous envoyer au cerveau ses parfums de douce
joie, de croyance et de songeries. Il était dans un de
ces moments où l'on nage dans la vie comme dans
l'air, sans la sentir, où tout nous rit au monde, où l'on
parle à l'oiseau qui chante, au papillon qui passe, où,
le sein tout gonflé d'amour, nous semblons ouvrir nos
deux bras devant la création pour la presser tout entière sur notre cœur ! Et, plongé dans cette extase
délicieuse, il parcourait lentement les sentiers, les
yeux au ciel, les mains pendantes, ne rêvant que d'arbres, de chaumières et d'étoiles ! Puis, à travers toutes ces vagues et berçantes sensations, une image
céleste venait se glisser, l'image d'une femme aimée !
Il se mettait à bâtir une existence de solitude, écoulée

loin des villes, avec quelque jeune fille que le monde n'aurait pas fanée ! Il sentait son bras sur le sien, sa fraiche haleine contre sa joue. Il entendait le bruit de ses pas sur le gazon, et fasciné par cette ravissante hallucination, il n'osait ni se détourner, ni penser, de peur de perdre son rêve.

Sans qu'il le sût, occupé qu'il était de ses songes, il avait été reconduit par le sentier qu'il suivait jusqu'à la maison. Il entra, et, pour éviter son oncle, qu'il entendait dans le salon avec M. Durand, il monta l'escalier et ouvrit la première porte qu'il aperçut devant lui.

C'était une petite chambre bleue. Un lit de merisier, une commode du même bois et quelques chaises composaient tout l'ameublement. Au-dessus du lit, presque caché sous ses rideaux blancs, on voyait un buis béni le dimanche des Rameaux, et, à côté, une image coloriée de *Notre-Dame des Sept Douleurs*. De petits souliers dans lesquels on eût fait tenir à peine trois doigts, étaient jetés dans un coin. Un gant lilas était tombé au milieu de la chambre, et, sur la commode, quelques festons commencés sortaient à moitié d'une corbeille créole. Il y avait entre les pensées qui occupaient alors Edmond, et l'aspect de cette chambre, où tout annonçait la présence d'une femme, une telle liaison qu'il en éprouva un saisissement joyeux. Il lui sembla entrer chez celle qu'il avait rêvée pour compagne. Ce fut une courte illusion (si même ce fut une illusion), mais il en ressentit comme le contre-coup.

Tout homme a eu dans sa vie une époque où la chambre d'une jeune fille a été pour lui un sanctuaire d'amour, où l'aspect inattendu d'une broderie posée sur un fauteuil, d'un chapeau oublié, de papillotes semées sur le parquet, l'a jeté dans une ivresse timide et agitée. Age où l'âme bouillonne en nous au moindre contact de l'atmosphère qu'a respirée une femme ; âge de chaudes passions, où nous portons notre cœur sur notre main, l'offrant à toutes, comme ces drageoirs de pastilles parfumées que l'on promène dans un bal !

Edmond était accessible, plus qu'aucun autre, à ces sensations chatouilleuses. Il resta un instant debout, contemplant le lieu où il se trouvait, avec une joie muette ; puis il s'approcha de la fenêtre, qui était entr'ouverte.

Au loin s'étendait la campagne qu'il venait de parcourir ; une campagne paisible et riante, avec un ciel bleu au-dessus ! Quelques oiseaux traversaient les airs.

A gauche, le petit bois de châtaigniers, où vibrait la balançoire. Et tout cela vu de la chambre d'une jeune fille !...

Bian s'appuya sur la fenêtre, dans un enchantement impossible à décrire, et demeura en contemplation. Là tout lui parlait d'une vie douce et simple, tout se trouvait en rapport avec ses goûts et ses espérances. Chaque objet extérieur venait frapper sur un point de son cœur, comme sur une touche sonore, et en faisait sortir un chant de bonheur.

Dans ce moment, Rose côtoyait l'oseraie, se dirigeant vers la maison.

Elle était telle qu'Edmond l'avait vue le matin ; seulement, à son bras pendait une corbeille pleine de fruits et de fleurs. Elle marchait en répétant un vieil air du pays. Edmond ne l'avait jamais entendue chanter. A la ville, sa voix, ainsi que ses actions, semblait réglée sur un seul diapason ; mais l'air de la campagne avait agi sur elle comme sur les oiseaux captifs, qui retrouvent leurs chants avec la liberté.

Elle s'avançait, légère et folâtre, cueillant des marguerites le long des fossés, s'arrêtant pour suivre de l'œil un papillon, ou parler aux oiseaux. Comme elle passait, le gros chien du fermier montra sa tête ronde sur un échalier. Rose s'arrêta un instant, craintive, mais, en le reconnaissant, elle lui jeta son bouquet de fleurs ; le dogue aboya, et la jeune fille se mit à imiter ses aboiements, puis, avec un charmant mélange d'audace et de timidité, elle s'approcha du paisible animal, qui était demeuré béant de surprise.

— Bonjour, mon rustaut, dit-elle, bonjour, mon vieux sans dents, bonjour, mon ami d'enfance.

Et elle ballottait entre ses deux petites mains blanches la bonne tête du dogue, qui grondait de plaisir ; et Edmond, stupéfait, enchanté à la vue de ces ravissants enfantillages, souriait et se sentait attendrir.

Souvent quelques heures suffisent pour modifier entièrement nos pensées ; notre vie intérieure a aussi ses évènements qui changent chez nous l'opinion la mieux arrêtée. Nos croyances de chaque jour se forment, s'altèrent, reviennent ainsi, par une série de perceptions à peine sensibles, successives et rapides. La mobilité que l'on reproche généralement aux hommes d'imagination est une suite nécessaire de la multiplicité de leurs sensations. Chaque heure de rêverie est pour eux toute une existence qui a ses accidents, ses craintes, ses joies, ses convictions. Ils font *un roman en dedans* dont chaque chapitre ne dure qu'une minute, et dont le dénouement est souvent aussi inattendu que promptement atteint.

On ne s'étonnera donc pas si Edmond, qui depuis le matin s'était senti entouré des fraîches images d'une union assortie, et qui rencontrait, par hasard, en face de son rêve, une jeune fille qui semblait pouvoir le réaliser, se laissa aller à un élan d'amour. Rose, dans ce moment, se révélait à lui si belle, si poétique, il éprouvait un regret et un étonnement si profonds de l'avoir méconnue, qu'il aurait alors voulu la serrer sur sa poitrine et la baiser au front.

Plein de cette exaltation, il appela sa cousine à haute voix. Rose leva la tête, aperçut Edmond, et à l'instant toute sa gracieuse folâtrerie s'évanouit. Elle reprit l'attitude raide et gauche qu'elle avait habituellement sous les yeux des autres, et s'avança honteuse vers la maison.

Ce changement subit produisit une sorte de contre-coup sur Edmond. Son élan d'enthousiasme vint se briser contre la raideur dont Rose s'était subitement enveloppée; il y eut en lui quelque chose de semblable à la sensation qu'éprouverait un homme qui, dans un transport de tendresse, croirait saisir la main d'un ami, et ne rencontrerait entre ses doigts serrés qu'une main de bois articulée.

Cependant, Rose entrait dans la cour. Elle avait répondu à l'appel de son cousin et allait monter, lorsque la voix de M. Poireau se fit entendre à la fenêtre du rez-de-chaussée.

— Rose, te rappelles-tu à combien étaient cotés les sucres, au Hâvre, lors de ton départ de Nantes, il y a quinze jours ?

— Cinquante-trois centimes, répondit la jeune fille, avec une présence d'esprit qui fit faire un bond à son cousin.

— Et à combien nous sont-ils revenus à Nantes, tous frais compris ?

— Quarante-huit centimes, terme moyen.

— C'est bon, murmura le père Poireau.

Et il rentra dans le salon sa tête, qu'il avait avancée à la fenêtre.

— Dieu me pardonne ! pensa Edmond, elle songeait aux prix courants en montant le joli sentier de l'oseraie.

Les deux réponses de Rose et le ton bref et joyeux avec lequel elle les avait prononcées venaient de changer entièrement le cours de ses idées. Il avait un instant entrevu sa femme rêvée; maintenant il retrouvait sa cousine *la teneuse de livres*. Cette seule pensée modifia subitement ses dispositions.

Aussi, quand Rose entra, la reçut-il avec un sourire hostile et moqueur.

Alors commença un entretien ironique dans lequel la pauvre jeune fille perdit bien vite tout avantage, et qui devint de plus en plus amer. Comme toutes les âmes vives, Edmond était porté à une certaine exagération de sentiment qui rendait ses désenchantements aussi acérés de langage que ses enthousiasmes étaient fascinants et communicatifs. Rose, accablée des sarcasmes de son cousin, sans connaître la cause de cette cruauté, demeura sous ses railleries comme les vierges chrétiennes qui, devant les flèches des bourreaux, croisaient les mains sur leur poitrine, et baissaient silencieusement la tête.

L'arrivée du père Poireau et de son associé Durand put seule mettre fin à son martyre.

IV.

Pendant qu'Edmond continuait à se livrer toujours davantage à ses goûts favoris et à se séparer des habitudes de sa famille, les opérations de la maison Poireau s'étendaient de plus en plus, grâce au zèle et à la capacité de l'associé Durand. Plusieurs affaires, faites par celui-ci pour son compte particulier, et qui avaient réussi, accrurent considérablement ses capitaux, et une pensée, à laquelle il n'eût osé s'arrêter quelques années plus tôt, commença à germer dans son esprit. Il la soumit à un examen mathématique, et ayant trouvé qu'au total son exécution lui serait avantageuse, il commença à songer sérieusement à lui donner suite.

En conséquence, à partir du lendemain, il témoigna à mademoiselle Rose Poireau une politesse tout-à-fait inusitée. Il passa pour elle trois articles au grand livre, et lui tailla une douzaine de plumes, faveur rare, qu'il accordait à peine à son ancien ami Barnabé. Car Durand avait acquis sur la place de Nantes une réputation incontestable pour la taille des plumes et pour la coulée anglaise, réputation qu'il tenait à conserver sans partage, et qu'il entourait, pour cela, d'un certain mystère.

Sa galanterie ne s'arrêta point là. Le jour de la fête de mademoiselle Rose, il lui fit présent d'un calendrier perpétuel en maroquin vert, et de deux vases en porcelaine garnis de tulipes artificielles. Enfin, lorsqu'il pensa que ses politesses avaient été assez multipliées et assez significatives, il demanda solennellement à son associé, à la suite d'un réglement de compte sur les bois de Campêche, la main de sa fille Rose.

Barnabé Poireau n'avait pas été sans s'apercevoir, depuis quelque temps, de la générosité singulière de Durand. Il avait cherché naturellement et commercialement quel profit son associé pourrait en retirer, et n'avait pas eu de peine à deviner son projet. Il avait fait aussitôt un relevé de ce que Durand avait dans la société, avait calculé que s'il lui donnait Rose, la dot de celle-ci resterait dans la maison, et avait fini par conclure que l'affaire était convenable et pouvait s'essayer.

Durand trouva donc l'esprit du brave bourgeois parfaitement préparé à sa proposition ; il lui tendit la main avec une franchise et une bonhomie dignes d'un négociant de la vieille roche, et l'on régla les conditions à l'instant même.

Rose Poireau fut avertie le soir, par son père, de ce qui venait de se conclure à son égard ; mais, à cette nouvelle, soit surprise ou saisissement, la jeune fille devint pâle, puis perdit connaissance. Elle prit la fièvre au sortir de son évanouissement, et sa maladie dura près d'un mois.

Durand et Poireau furent extrêmement contrariés de ce retard. Ce dernier voulait faire un voyage à Bordeaux, et cette affaire, comme il le disait, *retardait toutes les autres*. Barnabé Poireau ne manquait pas d'aller plusieurs fois par jour dans la chambre de sa fille pour lui dire :

— Comment es-tu, ma petite ? mieux, n'est-ce pas ? je te trouve moins pâle. Dépêche-toi de te guérir, car ta maladie nous retarde. Surtout ne te laisse point abattre, mon enfant ; bois, mange, dors bien. Regarde-moi, je ne suis jamais malade ; mais je suis agissant. Tu ne prends pas assez d'exercice, ma chère ; il faut marcher.

Et le bonhomme, après avoir débité son protocole ordinaire, retournait à ses magasins ou à son comptoir.

Cependant Edmond avait appris le mariage de sa cousine le même jour qu'elle. Son oncle lui en ayant fait confidence avec la mystérieuse solennité dont on use habituellement dans ces sortes d'affaires, que l'on confie *en secret* à toutes ses connaissances.

Le jeune homme en avait éprouvé un étonnement d'autant plus pénible que quelquefois peut-être, dans ses projets, il avait, faute d'une autre et par voisinage, donné la pâle figure de Rose à la femme de son avenir. Mais cette cause de son mécontentement était trop cachée pour qu'il y pensât. Il chercha à la justifier par d'autres motifs, et ne manqua pas d'en trouver. Il songea, avec dégoût, que cette union, arrangée entre son oncle et Durand, n'avait paru à tous deux qu'un complément d'association commerciale; que sa cousine avait été considérée comme une marchandise de plus à faire entrer dans le magasin de la société, et il s'indigna de voir qu'elle y eût consenti.

Cependant Rose était guérie. Elle se levait, marchait, répondait aux questions qui lui étaient adressées; mais une sorte de stupeur indéfinissable s'était emparée de tout son être. Elle demeurait des heures entières droite et immobile dans son fauteuil rouge, les mains posées à plat sur ses genoux, le visage atone, l'œil fixe et la tête renversée. Il eût été difficile de dire si une pensée remuait encore sous cette écorce glacée. Le médecin consulté déclara que cet état provenait *d'une prostration du système nerveux*, et qu'il ne fallait pas autrement s'en inquiéter.

L'époque du mariage fut donc fixée. Il devait avoir lieu à la campagne, et, huit jours d'avance, Rose y fut envoyée, afin de faire les préparatifs et aussi parce que ses forces devaient tout-à-fait revenir à l'air des champs. Edmond ne prit garde à aucun de ces arrangements.

Enfin le jour désigné arriva. Dès la veille, Barnabé Poireau était parti pour la campagne. Durand restait avec Edmond pour tout disposer. Des voitures de louage, traînées par des chevaux enharnachés de rubans, allèrent prendre tous les invités. Ce n'était sur la Fosse que rumeur et mouvement. Tout le monde accourait, tout le monde voulait voir la noce et le nouveau marié, qui, en bas de soie, en habit noir et en gants blancs, donnait la main aux dames et venait sourire à chaque portière, fier de son importance d'un jour. Pauvre orgueil bien naturel à ces hommes qui ne doivent exciter la curiosité que trois fois dans leur vie, à leur baptême, à leur mariage et à leur mort.

Enfin quand on eut chargé huit fiacres de tous les oncles, cousins et petits cousins, quand tous les débitants et les correspondants, invités à la noce de M. Durand et compagnie, eurent trouvé place, on partit pour Haute-Goulaine, où le mariage devait avoir lieu à midi.

Tout avait été préparé avec une profusion de mauvais goût. Barnabé Poireau, qui *ne devait marier sa fille qu'une fois*, comme il le disait, s'était résolu à faire *un sacrifice*. En conséquence, il n'avait rien négligé de ce qui devait à ses yeux rendre une noce brillante. En arrivant, Edmond fut épouvanté de ces gigantesques apprêts. Il aperçut sa cousine donnant quelques ordres, et recevant les félicitations des nouveaux-venus. Cette vue renouvela sa colère. Il avait

toujours eu en horreur la publicité donnée aux mariages. Il avait honte pour les époux placés sous tant
de regards, qui tâchaient d'être malins et qui n'étaient
qu'impudents, sous tant de plaisanteries qui avaient
la prétention d'être fines et qui n'étaient qu'indé-
centes. Aussi s'abstint-il, autant qu'il le put, de se
mêler au tumulte de la journée, heureux que sa tristesse se perdît au milieu du grand mouvement de la
foule.

Quant à Rose, son atonie avait semblé s'accroître.
Par instants, elle n'entendait, ne voyait rien. On l'eût
crue frappée d'insensibilité, si l'on n'eût remarqué que
son œil vague et presque égaré suivait fréquemment
Edmond, qui se tenait à l'écart.

La journée s'écoula comme toutes les journées de ce
genre, sans aucun événement remarquable. Le soir,
vers neuf heures, les invités repartirent pour Nantes,
après beaucoup d'embrassements et de malignes al-
lusions ; les cousines emportant leurs ridicules bourrés
de dessert pour les fils et les frères qui n'étaient pas
venus, et les cousins enchantés d'avoir *tué une journée*
à manger et à danser sur l'herbe.

V.

— Pas encore cinq heures. Je me suis levé trop
tôt.

En faisant cette réflexion, à demi-voix, Edmond jeta
un triste regard sur les malles et les paquets étalés
près de la porte du salon, et vint, contre la fenêtre,
contempler le cours silencieux de la Loire, qu'il apercevait vaguement au milieu du brouillard du matin.

Il allait quitter son oncle, et partait dans une heure,
par la diligence de Paris.

Tant que sa mère avait vécu, il s'était résigné, mais
il venait de la perdre, et son parti avait été pris à
l'instant. Les observations de Barnabé Poireau avaient
été inutiles : quant à sa cousine, elle n'avait rien fait

pour le retenir. Elle s'était contentée de dire tristement :

— Cela devait être ; votre place n'est point parmi
nous.

Et elle avait baissé la tête avec une douloureuse
résignation.

Edmond n'avait pas été sans remarquer cette conduite. Depuis quelque temps, Rose lui semblait une
tout autre femme. Depuis son mariage elle avait dépouillé une partie de sa gaucherie craintive, et Edmond l'avait entendue plusieurs fois, avec étonnement,
faire preuve d'intelligence et d'âme. Elle avait aussi
acquis, dans la maison, une importance et une liberté
inaccoutumées ; car les deux associés étaient également
esclaves du vieux préjugé bourgeois qui demande une
soumission aveugle à la jeune fille, et permet sa part
du pouvoir domestique à la femme.

Barnabé Poireau surtout avait pour sa fille une
considération toute particulière depuis qu'elle s'appelait madame Durand. Jusqu'alors Rose n'avait été,
comme il le disait dans son pittoresque langage de
négociant, qu'*un grand livre tout blanc et sans valeur ;* aujourd'hui c'était un registre en usage et qui
avait pris son numéro d'ordre.

La jeune femme avait profité de cette nouvelle situation, pour redorer quelque peu sa terne existence. Elle était devenue moins assidue au bureau ; elle s'était hasardée à lire *ostensiblement ;* elle avait osé répondre à son cousin et montrer parfois qu'elle pensait.

Cette métamorphose modifia quelque peu ses rapports avec Edmond, mais sans les rendre cependant libres ni affectueux. Il y avait de la part du jeune homme trop d'irritation, de celle de la jeune femme trop de gêne et de silence, pour que leurs relations ne conservassent point leur première teinte de froideur. Il eût fallu, pour la faire disparaître, qu'une circonstance extrême rompît, d'un côté, les préventions, de l'autre, la timidité ; et cette circonstance ne s'était point présentée.

Le voyage de Paris fut donc décidé par Edmond, sans aucun regret, et subitement annoncé par lui à sa famille de Nantes.

Maintenant il était là, attendant l'heure du départ et en proie à la sensation pénible qui accompagne toujours les dérangements apportés dans une vie. Mille causes, puériles en apparence, produisaient chez lui ce vague malaise que l'on ressent dans les heures

d'attente qui précèdent un départ. C'était l'heure
inaccoutumée de son lever; l'air froid du matin, l'aspect des paquets de voyage qui encombraient le salon,
le silence mélancolique qui l'entourait, la crainte de
manquer la diligence de Paris ; la perte de ses habitudes, de ses promenades ordinaires, de ses ennuis
même (car les ennuis aussi sont un lien) ; la séparation de son oncle, brave homme qui, après tout, l'aimait à sa manière; de sa cousine, problême inexpli-
cable, qu'il avait été vingt fois sur le point de haïr ou
d'aimer ; et plus encore que tout cela, sans doute, l'indicible attachement que nous ressentons pour les
objets que nous quittons, et cet attendrissement tout-
puissant qui s'éveille dans nos cœurs au dernier pres-
sement d'une main connue.

Tant de causes confusément entremêlées, mais
agissant de concert, étaient plus que suffisantes pour
disposer Edmond aux impressions de tendresse ; aussi
ne fut-ce point sans une larme sous la paupière, qu'il
jeta un dernier regard sur la Loire, la Fosse et l'entrée
de la maison de son oncle.

Dans ce moment un léger bruit se fit entendre derrière lui; il se détourna, et vit sa cousine qui entrait
au salon.

9

Rose fit un mouvement de surprise en l'apercevant.

— Déjà levé! dit-elle à voix basse.

— Je pourrais vous retourner, à plus juste titre, cette expression d'étonnement; vous n'avez pas l'habitude de vous réveiller si matin.

— J'ai craint que vous n'eussiez besoin de quelque chose.

— Vous êtes trop bonne : mais j'aurais voulu que l'idée de mon départ n'éveillât aucun autre que moi dans la maison; c'était dans ce but que j'avais fait hier mes adieux.

Rose le regarda fixement; puis baissa la tête, et dit avec embarras :

— Je voulais encore vous voir; pourquoi mentir? je voulais vous parler, à vous seul, avant votre départ. J'avais peur que le souvenir que vous emporterez de nous ne fût trop fâcheux.

— Je ne vous comprends pas, Rose.

— Pardonnez-moi, Edmond; vous nous quittez comme des indifférents. Nous, gens de commerce, vous pensez que nous ne sentons rien.

— Comment pouvez-vous croire...?

— Oh! j'en suis sûre; et cette pensée, que vous

partirez sans nous connaître, que vous partirez avec
la persuasion que personne ne vous aimait ici, j'en ai
été tourmentée depuis huit jours : je voulais vous
parler, et je n'osais. Oh! je m'en voulais de ma lâ-
cheté! Enfin, ce matin, j'ai trouvé assez de courage
pour venir. Edmond, je vous en prie, n'emportez pas
un mauvais souvenir de nous.

Ses yeux bleus, voilés de larmes, étaient tournés
vers le jeune homme, et elle lui tendait une main.
Edmond la saisit :

— Oh! ne me parlez pas ainsi, s'écria-t-il tout
ému; vous me feriez trop regretter mon départ.

— Nous le regretterons, nous, Edmond; moi surtout! Je m'étais fait une douce habitude de votre présence, de votre entretien. Je n'osais pas toujours vous
répondre; mais je vous écoutais en silence. C'était
comme un tableau que l'on regarde, comme un beau
livre qu'on lit tout bas. Bien des fois vous avez cru
que je ne vous comprenais point, parce que je restais
muette, et pourtant j'ai retenu vos paroles; je les ai
apprises par cœur, je me les répète comme une
prière.

— Que me dites-vous là, Rose? Est-ce bien possible? Ah! bien des fois j'avais cru que vous preniez

intérêt à moi, que vous trouviez plaisir à m'écouter !
Rose, ma bonne Rose !

— Cher Edmond !

Tous deux se serraient tendrement les mains, et
leurs larmes coulaient.

— Et voyez, reprit le jeune homme, c'est au moment de vous perdre que j'apprends à vous connaître !
Oh ! la triste dérision que la vie ! Mais, dites-moi,
pourquoi donc, mon Dieu, restiez-vous toujours embarrassée ou silencieuse auprès de moi ?

— Et comment aurais-je osé être autrement,
Edmond ? Savez-vous quelle a été mon enfance ? savez-vous qu'à douze ans j'étais assise devant un bureau, m'occupant de chiffres ? Il a bien fallu me faire,
à la longue, un extérieur aussi arrangé que les colonnes de mon livre de caisse. A force d'être une
machine, j'en ai pris l'apparence. Quand vous êtes
arrivé, j'ai bien senti combien je vous paraissais ridicule, mais qu'y faire ! j'entendais pour la première
fois parler d'art, de poésie ; tout cela me semblait bien
beau, mais c'étaient des mots nouveaux pour moi.
Vous aviez votre langue et moi la mienne : comment
aurions-nous pu nous comprendre ?

— Rose ! Et j'ai pu vous méconnaître à ce point ?

— Vous le deviez, Edmond ; mais moi, savez-vous tout ce que j'ai souffert ? car maintenant je suis hardie, j'ose tout vous dire. Vous étiez si méchant parfois ; vos railleries me passaient si froides et si déchirantes dans le cœur ! Et puis ces sourires dédaigneux, ces longs regards de pitié que vous laissiez tomber sur moi, et dont je me sentais enveloppée tout entière, comme d'un linceul ! Le moyen de n'être pas gauchement craintive ! Il a fallu qu'une émotion me fit oublier tout mon effroi. Je me suis décidée à la pensée que je ne vous reverrais peut-être plus,. et que vous emporteriez mon souvenir comme celui d'un meuble qu'on a vu quelque part. Ah ! maintenant, je l'espère, il n'en sera pas ainsi ; maintenant vous n'oublierez pas tout-à-fait votre cousine, n'est-ce pas, Edmond ? Dites-moi que vous ne m'oublierez pas !

— Vous oublier ! non, Rose, non ; puissé-je seulement ne pas trop me souvenir de vous ! Mais, voyez-vous, tout ceci me confond, me rend fou. Comment, c'est vous, là, ma cousine *la teneuse de livres ?* Regardez-moi donc bien ; dites-moi donc que je ne rêve pas ! Rose, mais vous êtes un ange !

— Vous ne connaissiez que mon enveloppe, Ed-

mond. Tant d'ennui avait assailli mes premières années, tant de désenchantements m'avaient meurtrie,
que je m'étais ramassée dans cette froideur qui vous a
frappée, comme dans un fourreau. Cette vie resserrée
entre les grillages d'un comptoir, croyez-vous qu'elle
me convînt plus qu'à vous? Croyez-vous que, le front
penché sur ma plume, je n'avais pas aussi mes rêves
flamboyants et mes espérances? Croyez-vous que je
ne suivais pas quelquefois une douce chimère entre
mes colonnes de chiffres? Je réalisais ce conte alle-
mand que j'ai vu dans un de vos livres, et qui rap-
porte que l'âme d'un poète fut incrustée par le démon
à une mécanique à faire des bas, et forcée de servir
de véhicule aux bras du métier! Dieu seul pourrait
faire comprendre tout ce que j'ai bu de dégoûts avant
d'avoir filé, autour de mon cœur, cette enveloppe insensible dans laquelle je l'avais abrité. Le ciel vous
préserve, Edmond, de vous faire jamais comme moi
chrysalide informe et froide, vous qui pouvez déployer
vos ailes et chercher le soleil.

— O mon Dieu! Rose, mon Dieu! et je n'ai rien su
deviner de tout cela! mais, c'est moi qui étais enveloppé d'un triple nuage de préventions ineptes; c'est
moi qui étais aveugle et sourd!

En prononçant ces mots, le jeune homme suffoquait de sanglots ; il pressait les mains de sa cousine sur sa poitrine, sur ses lèvres. L'émotion de la jeune femme parut redoubler. Elle répondit aux caresses d'Edmond, et leva sur lui un regard tout fasciné ; un de ces regards qui font monter jusqu'au cerveau une sorte de délire étourdissant. Tout-à-coup, une pensée amère traversa l'enivrement du jeune homme, ses mains se crispèrent convulsivement, et il écarta Rose de son sein.

— Pourquoi m'avez-vous dit cela, maintenant ? s'écria-t-il ; pourquoi me l'avez-vous dit jamais ? Ah ! il fallait me laisser dans mon indifférence. Je pars tout-à-l'heure, et vous venez me montrer tout ce que je perds ! Mais, mon Dieu ! pourquoi donc est-ce aujourd'hui que vous m'avez parlé, pourquoi pas il y a trois mois ?

Rose baissa la tête confuse.

— Il y a trois mois, comprenez-vous ? Alors j'aurais pu *rester*, et vous ne m'avez rien dit. Savez-vous que c'est horrible de voir ainsi le paradis s'ouvrir et se refermer au même instant ? Songez-vous que si vous aviez dit un mot, il y a trois mois, au lieu d'un adieu aujourd'hui... Oh ! cette pensée, c'est l'enfer !

L'exaltation d'Edmond était extrême. Rose, éperdue,. tremblait.

— Assez, Edmond, assez , dit-elle. Mon Dieu! je ne voulais pas que notre entretien prît cette tournure. Partez, il le faut, partez, et que Dieu vous conduise!...

En disant cela, elle était pâle et près de s'évanouir. Il se sentit attendrir, et l'attira contre lui.

— Que vous importe un regret, Rose? un regret que peut-être vous ne partagez pas? Pensez-vous qu'un simple aveu soit coupable? Songez que je pars dans quelques instants, et pour ne plus revenir! Mes paroles sont comme celles d'un mourant; car la mort n'est qu'une absence; avez-vous donc peur d'un dernier rêve!

Il y avait dans les paroles d'Edmond, et dans l'air dont il les prononçait, une tristesse si déchirante que la jeune femme n'y put résister.

— Et croyez-vous être le seul malheureux? s'écriat-elle au milieu des pleurs et des sanglots.

— Rose, est-ce vrai? quoi, vous aussi , vous voudriez retourner en arrière? Est-ce bien vrai? dites-le-moi!

— Il ne m'a pas encore comprise! murmura-t-elle

en se laissant aller sur la poitrine du jeune homme.

— Oh! c'est trop, je voudrais mourir maintenant, balbutia Edmond; Rose bien aimée! Rose! ne me suis-je pas trompé? C'est bien vrai, ce que vous veniez de dire?

Et dans son délire il la pressait dans ses bras, il laissait rouler sa tête égarée sur la chevelure de Rose; mais celle-ci ne pouvait répondre.

— Oh, parlez-moi, Rose, parlez-moi sans peur; répétez vos paroles de tout-à-l'heure; songez que vous n'avez plus qu'un instant pour m'ouvrir votre cœur, et que vous aurez toute une vie pour me le cacher? Rose, au nom du ciel, répondez-moi?

— Et que vous dire? ne savez-vous pas tout maintenant?

— Ainsi ce n'est pas un songe; vous auriez été heureuse d'être à moi?

Et d'une voix plus basse à l'oreille de la jeune femme :

— Tu m'aimes, Rose, tu m'aimes, n'est-ce pas?

— Oh! ne me demandez pas cela! dit-elle en cherchant à se dégager.

— Non, non! tu as raison; ta bouche est trop pure pour prononcer ce mot. Mais moi, Rose, je puis te dire que depuis tout-à-l'heure, depuis que je te connais, je donnerais ma vie et mon honneur pour que tu fusses ma femme un seul jour. Moi, Rose, je puis te dire que, si l'on m'offrait la plus belle gloire de la terre et une place au ciel, je demanderais, en échange, une heure passée à tes genoux. Je puis te dire tout cela, car tout cela est écrit dans mes yeux, sur mon front, dans mes mains qui pressent les tiennes ! O Rose !... il eût été si doux, de nous isoler tous deux dans notre amour, de nous envelopper dans les bras l'un de l'autre, et de sentir que notre univers ne dépassait pas le bout de nos doigts !

— Grâce, Edmond, grâce !

Dans ce moment l'horloge sonna.

— Entendez-vous, Rose, dit le jeune homme d'une voix grave et triste, dans un quart d'heure... nous nous séparerons.

— O mon Dieu ! est-ce possible ? Edmond ! mon Edmond !

— Oui, Rose, ton Edmond ; oh ! pour un quart d'heure du moins, ton Edmond. Mais, par pitié, avant, que j'entende un mot tendre de ta bouche ! ma Rose, un mot que je puisse emporter comme ces souvenirs d'amour que l'on suspend sur son cœur. Aie compassion de moi, Rose ! tu vois bien ce que je vais devenir quand je t'aurai quittée : tous mes plans, tous mes espoirs sont détruits ! A quoi bon des succès maintenant ? J'aurai laissé le bonheur en arrière ! Serre-toi, va, serre-toi sans crainte sur ma poitrine : ce n'est plus qu'une tombe toute pleine de projets morts, d'illusions fanées. Rose, un seul mot, je t'en prie ! Je t'aime, moi, je t'aime ; entends-tu ? Mon Dieu ! je t'aime !

Il était à genoux devant elle, il serrait sa tête contre le corps frémissant de la jeune femme. Tout-à-coup les deux bras de celle-ci s'étendirent et l'enveloppèrent.

— Je t'aime, Edmond ! répétait une voix délirante et basse ; je t'ai toujours aimé, depuis le jour où je t'ai vu pour la première fois.

— Mon idolâtrée Rose ! ma femme ! Oh, oui, ma femme ! car ton âme est à moi.

— Toute à toi !

Le jeune homme tenait les mains de sa cousine pressées sur ses lèvres ; il sentit le chaton d'une bague que Rose avait autrefois reçue de sa mère, et qu'elle avait toujours portée.

— Donne-moi cette bague, dit-il, comme souvenir

de cette heure. Depuis ton enfance elle est à cette place ; elle me parlera de toi.

Rose tendit la main, et laissa la bague couler entre les doigts d'Edmond.

Il la baisa avec ardeur.

— Elle ne me quittera plus. Ce sera l'alliance du mariage de nos deux âmes. Elle me rappellera, dans mon isolement, qu'il y a bien loin,... en Bretagne, un être qui m'aime et qui me comprend ; une femme qui me mêle à ses prières.

Et vois-tu, Rose, ajouta-t-il, si jamais l'existence me devenait trop lourde, je te renverrais cette bague ; ce sera comme le signal d'un rendez-vous donné dans le ciel.

— Oui, Edmond, et tu ne m'attendras pas long-temps.

Ils étaient enlacés dans les bras l'un de l'autre, et leurs sanglots les empêchaient de parler.

Sept heures sonnèrent.

Le bruit d'une porte qui s'ouvrait les fit relever promptement, et Durand parut. Il venait avertir le jeune homme que le facteur l'attendait.

Dix minutes plus tard, Edmond roulait sur la route de Paris. . . . .

Le voyage n'eut rien de remarquable. Ce fut une fièvre délirante avec tous ses rêves incohérents et bizarres. Le second jour, Edmond s'éveilla en sursaut aux mots d'un de ses compagnons de route : — Voilà Paris !

Et en effet la grande ville commençait à apparaître sous son dôme de brouillards. C'était Paris ! cette immense pile voltaïque, dont le seul contact ébranle ; Paris, le cerveau de la France, toujours en ébullition effervescente, toujours fumant de travail ; énorme tête, écrasant de son poids un corps appauvri ; crâne tout chauve de fatigue et d'excès !

Edmond sentit son cœur accablé qui se ravivait à l'approche de ce volcan intellectuel sur lequel il allait mettre le pied, et il se reprit un instant à la vie, par curiosité.

Cependant, malgré son impatience, il lui fallait attendre une grande heure aux barrières où les commis vinrent fouiller la voiture. Ses malles, dont il ne trouvait pas assez vite les clés, furent forcées ; ses effets bouleversés ou perdus. Edmond comprit qu'il entrait dans la capitale du peuple *le plus civilisé du monde.*

En traversant la ville, rien ne le frappa vivement. Il vit un grand nombre de rues sales et mal bâties, quelques monuments à demi-cachés par des mâsures. Du reste, il n'éprouva aucun étonnement de cette première impression; on l'avait d'avance averti que la capitale était comme ces parvenues de mauvais goût qui portent une robe de cachemire avec des bas de coton bleu. Que lui importait d'ailleurs la carrière de pierre appelée Paris; c'était le Paris intelligent qu'il était venu voir.

Car ce qui lui restait encore d'espérance était là : il venait chercher l'étourdissement de ce cirque ouvert à la pensée. Derrière, il avait laissé sa dernière chimère de bonheur; il venait jouer contre le sort sa dernière chimère de gloire.

Et pour lui qui arrivait, tout flamboyant de son naïf enthousiasme de provincial, la gloire était encore un mot qui avait quelque sens. Il venait là, comme aux lices olympiques, croyant que sur un signe la barrière lui serait ouverte, et qu'il pourrait, comme les autres, concourir pour le prix offert. Il se présenta d'abord aux hommes avec lesquels il avait entretenu des relations, pendant qu'il était en province; il leur fit part de ses projets ; tous parurent l'écouter avec intérêt, et les promesses lui furent prodiguées. L'âme d'Edmond se releva.

— Elle verra mon nom répété avec éloges, se dit-il, elle sera heureuse de mes succès : je ne lui écrirai pas, il faudrait lui dire tout ce que j'ai dans le cœur, et je ne le puis ; ou bien lui adresser de ces lettres que tout le monde peut lire, et je ne le veux pas. Non, je ne lui écrirai pas ; mais elle lira mes ouvrages, elle devinera ce qui s'adresse à elle, elle reconnaîtra les pages écrites sous l'inspiration de son souvenir. A toutes les femmes que je peindrai, je donnerai son nom adoré, son visage triste et doux : elle sera ma muse, ma sainte. Sa pensée présidera à toutes mes œuvres, comme une religion, et elle le saura. Ce sera une correspondance mystérieuse et intime, qui pourra passer sous les yeux de tous sans que nous ayons à craindre, car seuls nous en connaîtrons le secret.

VI.

Un an s'était écoulé depuis qu'un jeune homme, au
front triste, était venu se loger à l'hôtel de Claire-Fontaine, rue des Mathurins-Saint-Jacques, à Paris. Il
habitait la même chambre qu'il avait choisie en arrivant, et rien n'avait changé dans sa vie extérieure. Seulement ses yeux s'étaient creusés, et tout son corps
avait perdu cette fraîcheur virile, si frappante chez
les adolescents qui arrivent de province et qui vien-
nent se racornir à l'air étiolant des hôtels garnis.

C'était un locataire tranquille, silencieux et rangé,
qui sortait peu et ne recevait personne. On le voyait
seulement, pendant les longs jours d'été, accoudé à sa
fenêtre, regarder une petite échappée de ciel qui brillait entre deux cheminées, ou bien la cime verte d'un

chétif peuplier qui dépassait de quelques pouces le mur d'une cour voisine. Vers la fin du jour, il se rendait au Luxembourg, cherchait l'endroit le plus sombre, et s'y promenait seul quelque temps. Mais, dès que la foule commençait à se presser dans les parterres enveloppés d'une atmosphère de parfums, il quittait son obscure allée. On le voyait passer, d'un pas furtif et honteux, au milieu des groupes parés et riants, comme à tra-vers une fête donnée pour d'autres, et il regagnait sa chambre humide; sa chambre de garçon, sans un seul sourire de soleil, sans une seule fleur sur l'étroite croisée; triste réduit, où se remarquait, non le désor-dre poétique d'un cabinet de jeune homme, mais l'ar-rangement pénible d'une pauvreté qui a honte et se déguise; où tout sentait l'abandon et l'isolement d'une indigence fière et rapiécée qui croise et boutonne un vieux vêtement! non pas l'indigence d'un jour, que l'on supporte gaîment, misère charmante d'étudiant que régaie un chapeau de femme, jeté sur un lit sans rideau, mais une de ces misères sérieuses, qui sont seules et qui se taisent; de ces misères qui tiennent la pensée resserrée et flétrie, la heurtent à chaque ins-tant au désir ou au besoin non satisfait.

Et tout cela était facile à voir, sans doute, pour qui

aurait regardé la chambre du pauvre solitaire; tout cela était bien propre à émouvoir la pitié des heureux! Mais qu'importait aux heureux le jeune homme de l'hôtel de Claire-Fontaine? Et d'ailleurs, qui se serait ému quand il eût dit combien de cruels désenchantements étaient venus l'assaillir depuis une année? Qui aurait eu compassion de tant de démarches sans résultats, de lettres sans réponses, de promesses sans suites? Tant d'autres faisaient, comme lui, cette quête de réputation et tendaient la main aux portes des journalistes ou des libraires! Qui s'inquiétait de savoir si parmi cette foule de mendiants de gloire il s'en trouvait un plus fier et plus irritable, qui, lassé des refus, croiserait les bras et s'envelopperait dans son désespoir? Tous n'avaient-ils pas commencé ainsi? Les plus fameux aujourd'hui n'avaient-ils pas bu la honte, comme de l'eau, lorsque, encore ignorés, ils allaient, l'œil baissé et le chapeau à la main, proposer un manuscrit, d'éditeurs en éditeurs, pareils à des commis marchands offrant de la rouennerie? N'était-ce pas l'usage? pourquoi plaindre un sort subi par tous?

Aussi le jeune homme avait-il longtemps gardé le silence. Cependant, poussé à bout, il s'était déterminé à s'adresser à un artiste, que sa haute renommée d'écrivain et sa réputation de bienveillance lui faisait croire capable de comprendre sa situation.

Il lui écrivit pour lui exprimer énergiquement ses souffrances. Sa lettre, pleine d'une douleur loyale et digne, peignait ces efforts acharnés, mais inutiles, d'un pauvre provincial muré dans son obscurité comme Joseph dans sa citerne, ne trouvant aucune issue pour la fuir, et cherchant en vain une main amie; il terminait en demandant une entrevue et la permission d'apporter un essai.

Une semaine entière s'écoula sans réponse. Enfin, le huitième jour, le jeune homme reçut un billet qui lui assignait un rendez-vous pour le lendemain. A l'heure fixée, il partit pour cette entrevue qui allait décider de son sort.

Oh! heureux qui n'a jamais frissonné dans l'attente d'une de ces visites extrêmes, qui n'a jamais compté les minutes dans une étouffante angoisse, qui ne s'est point senti froid à la vue d'une porte et n'en a pas saisi le marteau, comme une épée de duel, sans savoir si le succès ou la mort était au bout. Hélas! pour la plupart, il nous faut connaître cette heure poignante où notre destinée se décide entre deux coups de chapeau; l'avenir de presque tous les hommes se joue sur une carte de visite!

L'homme célèbre reçut le jeune solliciteur avec bienveillance; tous deux s'assirent vis-à-vis l'un de l'autre. -

— J'ai lu votre lettre, monsieur, dit le grand écrivain, j'en ai été touché. Moi-même j'ai connu les difficultés qui entourent les premiers pas d'un auteur, et je m'estime heureux lorsque je puis les rendre moins pénibles à quelque débutant. Voyons, que désirez-vous de moi?

— D'abord, que vous me jugiez. Si je me suis trompé dans la carrière que j'ai embrassée, tout est dit; mais si, au contraire, je suis appelé à quelque chose, je demande les moyens de prouver ce que je puis.

— Je ne doute nullement de votre talent, monsieur; vous m'avez, je crois, parlé d'un drame que vous désiriez livrer au théâtre?

— Le voici.

— Il est bien difficile de réussir au théâtre, monsieur; moi-même j'y éprouve des entraves tous les jours. Puis, les journalistes, oh! les journalistes sont les vampires de la littérature; ils fanent, ils effeuillent toute idée; impossible d'être nouveau avec eux, ils ont toujours une

avance de vingt-quatre heures sur la plus rapide inspiration; ils gâtent tous les sujets actuels. Ajoutez à
cela l'esprit dénigrant et amer qui s'est emparé de la
presse. Rien ne peut plus trouver grâce devant nos
commissaires-priseurs littéraires. Le dédain est devenu de mode, on le revêt comme un costume; puis
nos *verts-verts* de feuilletons sont atteints d'un si profond blasement, qu'ils se meurent de dégoût sur les
dragées que nous leur servons.

Cette tirade était prononcée d'un accent pittoresque
et incisif; l'homme célèbre s'arrêta pour jouir de l'effet qu'il avait produit.

Son auditeur se contenta d'une approbation silencieuse; il songeait au but de sa visite, qu'il tremblait
de voir oublier. Son regard inquiet fut compris.

— Pardon, monsieur; revenons à vous. Je verrai
ce drame, si vous voulez bien me le laisser. Avez-vous
autre chose?

Tout ceci était dit un peu plus froidement qu'en commençant.

— Un roman historique, dont je vous apporte un
chapitre.

— Ah! ah! malheureusement, le public est un peu
fatigué de ce genre de compositions. C'est une pâture

trop solide pour les lecteurs actuels. L'intelligence, en France, est au régime; il ne lui faut que des nourritures légères, des nouvelles de quatre-vingts pages et des tableaux de quatre pieds. Du reste, je verrai, monsieur. Et jusqu'à présent vous n'avez réussi à rien placer chez aucun éditeur?

— Rien, monsieur.

— Vous ne connaissez aucun éditeur de journal?

— Aucun.

— Le succès sera lent, alors; mais il faut du courage, de la patience.

— J'en ai eu un an, monsieur; mais j'ai *besoin* de ne plus trop attendre.

Il appuya sur ce mot avec une douloureuse énergie, comme s'il eût pesé sur le manche d'un poignard qui lui fût entré dans la poitrine.

Il y eut un silence; l'homme célèbre se leva.

— Je ferai tout ce que je pourrai, pour vous servir, dit-il; je lirai d'abord ceci avec attention.

— Quand pourrai-je revenir?

— Mais, dans huit jours.

Et il reconduisit le jeune homme jusqu'à la porte.

A peine fut-il sorti:

— Encore un fou qui eût mieux fait de rester dans

sa province! murmura-t-il. D'après sa lettre, je m'attendais à voir un *Antony* littéraire, c'eût été à étudier ; mais c'est un pauvre garçon, qui ressemble à deux cents autres : un habit noir, des gants blancs, et les poches pleines de manuscrits.

Il entra dans son cabinet en haussant les épaules.

Huit jours après, le jeune homme vint chercher son arrêt, il ne trouva personne ; deux autres visites ne furent pas plus heureuses. Enfin, il reçut ses manuscrits avec une lettre de douze lignes.

Tout avait été trouvé fort bien ; on l'engageait à continuer, en l'assurant d'un intérêt véritable, et l'on terminait en se disant son tout dévoué serviteur.

Tout était fini pour Edmond . . . .

. . . .

La semaine suivante, comme la famille Poireau était rassemblée à table, on apporta la correspondance.

— Une lettre pour toi, Rose, dit le père Poireau en lui jetant, de loin, un paquet timbré de Paris.

— C'est d'Edmond, remarqua Durand, dont l'habileté à distinguer, au premier aspect, toutes les écritures, était, au moins, égale à celle qu'il avait acquise pour la taille des plumes.

— Nous envoie-t-il enfin notre arrêté de compte?
répartit M. Poireau; je lui avais ouvert un crédit chez
Dupont, et je crains qu'il n'ait dépassé ce que nous avons
ici à lui.

Dans ce moment Rose jeta un faible cri et s'évanouit. La lettre qu'elle tenait ouverte à la main lui
échappa; un anneau en sortit et roula par terre; Poireau reconnut la bague qui avait disparu du doigt de
sa fille depuis le départ d'Edmond.

Le même courrier apportait la nouvelle, répétée par
tous les journaux, du suicide d'un jeune poète, M. Edmond Bian, demeurant rue des Mathurins-St-Jacques,
hôtel Claire-Fontaine. Pendant huit jours, on donna des
détails, dans toutes les gazettes, sur cette mort *préma-
turée et déplorable.* Ce fut la répétition de la triste co-
médie jouée sur la tombe d'Escousse et de Lebras.

L'homme célèbre auquel Edmond s'était adressé en
dernier lieu, publia un choix des poésies du *jeune et in-
fortuné* Bian, avec une préface dans laquelle on remarquait le passage suivant, qui fut cité dans tous les
journaux:

« Il est mort comme Caton, parce qu'il avait déses-
« péré de la république des lettres; il est mort, parce
« qu'autour de lui il avait vu l'avilissement des arts,

« l'abandon des artistes et l'indifférence de la foule.

« L'existence lui a fait mal au cœur, il l'a rejetée

« comme une guenille sale et usée. Il a bien fait !

« Qu'aurait-il attendu de la société au milieu de la-

« quelle le hasard l'avait jeté ? Où aurait-il trouvé une

« main amie à serrer dans ce bagne littéraire, où tou-

« tes les réputations sont soudées deux à deux, hos-

« tiles et voleuses entre elles ? Le génie de Bian était

« trop fier pour se mettre à la solde d'un libraire, et

« son esprit n'était pas de ceux qui se débitent taillés

« à l'emporte-pièce de mode. Comme d'autres, il au-

« rait pu vivre dans cette littérature marchande où les

« pensées se confectionnent à l'instar des bas de co-

« ton. Il aurait pu, flatteur des passions de chaque

« instant, leur demander des succès de circonstance ;

« mais Bian avait placé l'art trop haut au-dessus de la

« terre pour le descendre jusque-là. Sa mission lui

« avait paru trop sainte pour qu'il fît ainsi de sa robe

« de grand-prêtre de l'avenir un misérable déguise-

« ment de carnaval. Qu'on passe près de sa tombe en

« disant : *Il était fou !* c'est bien ! Il est mort jeune ; le

« monde n'a pas eu le temps de lui départir son lot

« d'injures et de dérision ; qu'il achève sur son cada-

« vre ! mais ensuite gloire à lui ! car ce fut un mar-

« tyr, mort pour avoir voulu racheter les arts de leur
« perdition !

    « En tout cas, voici son livre : je l'ai recueilli au
« milieu d'un prodigieux et confus amas de drames,
« de poèmes, de romans inachévés, éparpillé comme
« une rose effeuillée. Il m'a fallu le recomposer pièce
« par pièce. Triste et doux travail pour qui avait connu
« l'auteur, serré sa main et entendu sa voix ! Je l'ai
« pourtant achevé, comme un dernier devoir que je
« rendais à une mémoire amie. Après avoir inutile-
« ment essayé de consoler la vie du poète, de l'encou·
« rager, de le soutenir dans la carrière, il m'apparte-
« nait peut-être d'écrire son épitaphe glorieuse, et c'est
« ce que je fais ici. »

La préface et le livre eurent un immense succès ! Vu
la mort de l'auteur, les journalistes le louèrent sans
restrictions ; dès lors le nom d'Edmond Bian prit place
parmi les plus renommés de l'époque.

On fit jouer ses drames ; on édita son roman historique, avec des vignettes de Tony Johannot, et bientôt
ses œuvres complètes parurent chez Renduel, ornées
d'un magnifique portrait de l'auteur et d'un *fac simile.*
L'homme célèbre fit encore une préface.

Un bel exemplaire de ces œuvres complètes fut envoyé à l'oncle Poireau. En l'ouvrant, le brave négociant soupira profondément.

— Cela aurait fait tant de plaisir à ma pauvre Rose ! dit-il.

Et il ordonna à son premier commis d'accuser réception des volumes reçus.

Mais on ne les ouvrit point ; car il n'y avait plus personne qui lût de vers dans la maison Poireau et compagnie.

LE GÉNÉRAL GUILLAUME.

LE GÉNÉRAL GUILLAUME.

Ceux qui n'ont vu la guerre qu'au Cirque-Olympique
ou au musée de Versailles se la figurent généralement
comme une série de campements, de marches, de siéges,
de batailles, dont toutes les parties se succèdent ré-
gulièrement et sans autre interruption que l'entr'acte
nécessaire pour préparer un nouveau décor. C'est,
dans leur pensée, une sorte de grande machine à tuer,
que les soldats font aller du matin au soir, et avec
laquelle ils fabriquent de la gloire à la journée.

Or, rien de moins conforme à la réalité. Loin d'être
un *travail* suivi, la guerre est une œuvre d'inspiration
et de hasard, entrecoupée de plus de repos que de
combats. Ceux-ci ne sont pas la règle, mais l'excep-
tion, comme les coups de vent sur mer ; on y reste

toujours exposé, mais ils n'arrivent que de temps en temps. Quelque sérieuse que soit la lutte, il y a, entre chaque campagne, une sorte de suspension d'armes, pendant laquelle les instincts d'hommes effacent les passions de race et font oublier un instant qu'on est ennemis pour se rappeler seulement qu'on vit sous le même ciel avec de communes joies et de communes misères.

La plus terrible guerre peut-être des temps modernes, celle de l'occupation de la Péninsule par les armées françaises, a donné de nombreux exemples de ces trèves tacites pendant lesquelles chaque parti semble accorder quelques jours de vacances à sa haine, et je leur dois, pour ma part, d'avoir pu parcourir, en pleine guerre, tout le midi de l'Espagne sans avoir jamais couru de péril sérieux. A la vérité, ma profession de chirurgien me servait de recommandation : je parlais d'ailleurs la langue du pays, je connaissais ses usages, et j'avais soin, lorsque j'arrivais dans une résidence, de me mettre sous la sauve-garde de l'un des couvents, en allant offrir mes services au prieur.

L'heureux résulat de mes précautions m'avait insensiblement enhardi. De Jaën, où séjournait le régiment auquel j'étais attaché en qualité d'aide-major, j'avais tour à tour visité Andujar, Grenade, Cordoue. Enfin, désirant étendre mes excursions plus à l'est, j'obtins un congé de quelques jours, et je partis pour la Murcie.

Après avoir visité Palos, où Christophe Colomb s'embarqua pour découvrir le Nouveau-Monde, m'être arrêté à Carthagène et à Alicante, je suivis le cours du Mundo, reprenant la route de Jaën par Lorqui, Ziezar et Calaspara.

J'arrivai un soir dans cette dernière ville tellement fatigué, qu'au lieu d'aller demander asile aux moines, comme d'habitude, je m'arrêtai à l'auberge la plus prochaine pour y passer la nuit.

Tout y était dans une agitation extraordinaire. L'hôtelier criait des ordres par la fenêtre, les servantes traversaient rapidement les salles, et les cours étaient pleines de hussards qui sellaient leurs chevaux, tandis que des valets en livrée préparaient une calèche élégante.

J'allais demander à l'un de ces derniers la cause de tout ce mouvement, lorsque j'entendis prononcer mon nom derrière moi avec une sorte d'hésitation. Je me détournai et je reconnus un de mes compatriotes, ancien blessé de Jaën.

— Eh! parbleu je ne me trompais pas, s'écria-t-il en m'apercevant de face, c'est bien monsieur Lalle-mant, notre brave major du huitième.

— Et c'est le maréchal-des-logis Pierre Cordier, répondis-je.

— Tiens, vous avez retenu mon nom, major? eh bien! en voilà de la mémoire!

— N'avez-vous pas également retenu le mien?

— Oh! moi, j'avais mes raisons pour ça, reprit le hussard, des raisons *visibles*, comme on dirait par façon de calembour, vu que vous m'avez sauvé un œil.

— Vous ne vous ressentez plus de cette blessure au frontal?

— Pas plus que de mes dents de lait, et ce n'est pas un petit service que vous m'avez rendu là... Mais vous n'êtes donc plus en garnison à Jaën?

— Toujours.

— Par quel diable de hasard alors vous trouvez-vous dans ce pays de sauvages?

Ce dernier mot me rappela la manie du brave ma-réchal-des-logis, qui, né au faubourg Saint-Marceau, croyait fermement que hors Paris et sa banlieue com-mençait la barbarie. Aussi lui répondis-je, et en appuyant sur le mot, que j'étais venu pour voir les *beautés* de la Murcie.

— Les *beautés?* répéta-t-il d'un air étonné; ah! le major trouve ici des *beautés!* Faites excuse! Faut alors qu'elles ne soient pas visibles à l'œil nu; car, depuis six mois que j'y demeure, je veux être guillotiné si j'y ai rencontré autre chose que des montagnes à éreinter les chevaux, des femmes jaunes, et du fromage rance.

— Allons, maître Cordier, vous y mettez de la passion, repris-je en souriant; vous haïssez l'Espagne.

Il fit un mouvement d'épaules d'un inexprimable dédain.

— Moi? dit-il; pauvre pays! Pourquoi est-ce que je le haïrais? On sait bien que hors de Paris il ne faut pas s'attendre à trouver des gens civilisés. C'est ici comme partout ailleurs; chaque pays a ses préjugés et son caractère. En Allemagne, où j'ai servi, c'était la bière, les femmes rousses et le cumin qui montraient le peuple sauvage; ici, c'est l'odeur d'huile rance.

— D'huile rance!

— Vrai cachet du peuple espagnol, major; c'est entré dans ses mœurs, comme le raisinet de Bourgogne et le fromage de Brie dans celles du Parisien. Mangez un ragoût, buvez un verre de vin, passez près d'un moine, c'est toujours le même parfum. Et tenez, tout-à-l'heure encore, le général a manqué assommer un garçon pour lui avoir apporté du lait qui avait le goût national.

— Il y a donc un général ici? demandai-je, naturellement ramené à la question que la rencontre du maréchal-des-logis m'avait empêché de faire.

— Comment! vous ne savez pas? dit Pierre; mais c'est *le père Guillaume.*

— Le baron?

— Qui revient de visiter les garnisons de la province.

— Et il retourne à Murcie?

— Non; pour le moment, il se rend ici près, à son château.

— Le général a un château?

— Que sa femme lui a apporté en dot.

— Ah! en effet, je me rappelle avoir entendu parler de son mariage avec une riche Espagnole.

Cordier hocha la tête, regarda derrière lui et baissa la voix.

— Oui, dit-il; le vieux sanglier a pris une femme du pays! comprenez-vous ça, major?

— Pourquoi non ? On la dit fort belle.

— Bah ! dit le maréchal-des-logis en avançant la lèvre inférieure avec une expression d'indifférence, ça ressemble à toutes les Moresques de ces contrées : une peau de cuir de Russie et des yeux qui ont toujours l'air de vous chatouiller ou de vous poignarder. Du reste, ma réflexion ne *provenait* point du physique de l'Espagnole, mais de celui du baron. Vous qui êtes philosophe, major, seriez-vous disposé à vous marier si vous aviez cinquante ans, onze blessures et un œil de moins ? — Sans compter que la Moresque l'a épousé en rechignant, et seulement pour sauver sa famille, qui s'était compromise dans une conspiration contre les Français.

— Le général était donc amoureux ?

— Comme un pigeon qui sort de cage.

— Eh bien ! chacun prend la vie du côté qui lui plaît ; qu'importent l'âge et les infirmités du général, s'il trouve le bonheur dans ce mariage tardif ?

— Lui ! dit Cordelier en s'assurant encore qu'on ne pouvait l'entendre ; depuis qu'il est en ménage, il se ronge le foie comme un pélican.

— Qui vous fait croire ?...

— Pardieu ! nous l'apprenons tous les jours à nos

dépens. Le dépit de n'avoir rien de ce qu'il faudrait pour plaire à la senora Beata le fait tourner de plus en plus au chien enragé. Il s'en prend à nous de ses cheveux gris, de son gros ventre, de son œil crevé surtout: car c'est là l'endroit sensible, et il est si furieux d'être borgne, qu'il suffit d'avoir ses deux yeux pour devenir son ennemi. Vous concevez? faiblesse de vieux qui revient aux noisettes quand il n'a plus de dents.

— Et madame Beata? demandai-je, intéressé malgré moi par les confidences de Cordier.

Il devint plus sérieux.

— Oh! elle, dit-il, elle écoute, regarde et ne parle jamais. Aussi n'y a-t-il à savoir ce quelle pense que le diable... et peut-être don Perez.

— Un ami?

— Non, un parent qui a servi, dit-on, dans les *guérillas*, et que je soupçonne d'entretenir encore des relations avec ces honnêtes bandits. Du reste, pas trop laid pour un Espagnol. Depuis environ huit jours qu'il est ici, il ne quitte point la senora.

— Et le baron le souffre?

— Il a peur de fâcher madame Beata en envoyant promener le cousin; car madame Beata le conduit à la bride, et si elle voulait, elle le ferait communier entre chaque repas. Cependant, tout en obéissant, il enrage ; il y a un fonds de bile dans sa soumission, et c'est un *tigre moutonné* auquel la Moresque fera bien de ne pas se fier.

— Qu'a-t-elle à craindre ?

— Je n'en sais rien ; mais un de ces jours le père Guillaume pourra ouvrir l'œil qui lui reste, et, s'il voit clair..., il leur jouera quelque tour de capucin.

Je ne pus m'empêcher de sourire à cette plaisanterie inspirée par l'ancienne profession du général, qui avait porté le froc de moine avant l'uniforme, et qui devait à cette circonstance le nom de *père Guillaume* sous lequel il était généralement connu dans l'armée. Ses ennemis l'accusaient même d'avoir gardé, dans son nouvel état, les habitudes de dureté, d'égoïsme et de ruse vindicative que donne la vie de couvent. Mais s'il avait, comme homme, une réputation équivoque, sa réputation, comme militaire, était excellente. On citait son courage têtu, son activité infatigable, sa tactique peu brillante, mais à laquelle la continuité tenait lieu de profondeur. Aussi Napoléon qui jugeait vite les gens et qui avait la manie de les *traduire en images*, avait-il dit du *père Guillaume* que c'était un bélier de guerre qui renversait l'obstacle sans s'en douter, à force de frapper au même endroit.

Comme le maréchal-des-logis achevait de me donner les renseignements rapportés plus haut, un valet parut sur le seuil de la *possada* et ordonna de faire approcher l'équipage du baron.

— Est-ce lui qui a parlé de se mettre en route? demanda Cordier.

— C'est la senora, répondit le domestique.

— En selle alors, reprit le hussard; madame Beata n'aime point à attendre. Vous ne venez point du côté du château de Lucar, major?

— Non, je reste ici cette nuit.

— Et demain?

— Je reprends la route de Jaën.

— Alors, nous ne nous reverrons plus.

— Selon toute probabilité. Adieu, Cordier.

— Adieu, major; bon voyage et bonne chance.

Nous échangeâmes un salut de la main, et le maréchal-des logis rejoignit ses hussards qu'il fit monter à cheval.

Presque au même instant, le baron Guillaume sortit de l'auberge.

Je ne l'avais jamais vu; mais toute sa personne répondait si parfaitement au portrait imaginaire sous lequel j'avais écrit son nom dans ma pensée, que je le *reconnus* au premier coup d'œil. Il était petit, replet, et vêtu d'une redingote militaire à brandebourgs dont le drap neuf et lustré semblait ajouter encore à la vulgarité de sa tournure. Des bottes de voyage que le désir de paraître élégant avait évidemment fait choisir trop étroites, une casquette de velours placée de manière à ce que la visière fît ombre sur l'œil gauche, des gants de daim déformés et une cravache de cuir tressé complétaient ce costume où l'on sentait une sorte de recherche inaccoutumée qui ne pouvait voiler la disgrâce native de la personne.

Il fit quelques pas dans la cour, se plaça devant le peloton de hussards et le parcourut de ce regard perçant particulier à ceux qui ne se servent que d'un œil; mais il n'y trouva sans doute rien à reprendre, car il tourna brusquement le dos pour regarder vers la porte de la *possada.*

La senora Beata venait d'y paraître, accompagnée de son jeune parent.

Son teint avait cette pâleur dorée plus vivante que la fraîcheur elle-même, et ses cils noirs voilaient des yeux d'où le regard jaillissait par instants comme un éclair. Ses formes étaient excitantes, hardies, et vous sentiez dans tous ses mouvements je ne sais quelle vibration voluptueuse qui se communiquait à vous. Cependant la jeunesse et son cortége de grâces naïves manquait à cet ensemble d'une beauté pour ainsi dire foudroyante; elle fascinait sans charmer, et l'on était plus troublé qu'heureux de la voir.

En paraissant sur le seuil de l'auberge, la senora avait une main appuyée sur le bras de son cousin; à la vue du général, elle la retira et s'avança seule, d'un pas léger, vers la calèche qui attendait.

Don Perez la suivit. C'était un jeune homme d'environ vingt-cinq ans, aux traits nobles, à la taille élevée, et dont la démarche avait cette fierté théâtrale que l'on retrouve dans le plus humble des descendants du Cid. Lorsqu'il arriva près de la voiture, il hésita à y monter; mais Beata fit un signe, et il franchit rapidement le marchepied.

Le baron qui, tout en donnant quelques derniers ordres à Cordier, regardait du côté de l'équipage, s'interrompit à cette vue et tordit sa cravache.

— Faudra-t-il escorter la calèche à distance, général? demanda le maréchal-des-logis.

— Pourquoi à distance ? dit rudement le *père Guillaume*.

— Pardon ! c'est que comme le général est avec son épouse...

— Eh bien !...

— J'avais pensé... que ça pourrait le gêner... qu'on entourât la voiture...

Un nuage passa sur le front de l'ancien capucin.

— Ne vois-tu pas, animal ! qu'il y a *le parent*? s'écria-t-il en colère.

— Oh ! c'est juste, reprit sérieusement le malicieux Parisien ; alors on pourra se tenir aux portières ?

Le baron lui lança un regard féroce.

— On fera son métier de chef d'escorte, dit-il, et si monsieur Cordier l'a oublié, il ira se le rapprendre à la salle de police.

Cordier appuya son sabre à son épaule sans répliquer ; le général rejoignit la senora, cria : — En route ; et la voiture, suivie du peloton de hussards, partit au galop.

Je l'accompagnai des yeux jusqu'à ce que je l'eusse vue disparaître sur la route de Lucar, puis j'entrai dans la *possada*.

Je pensais y trouver un bon repas et un bon gîte ; mais le proverbe *qu'il ne faut jamais compter sur son hôte*, employé ailleurs comme figure, exprime une vérité littérale en Espagne, et doit y avoir été inventé par quelque ancêtre du judicieux Sancho. Ceux qui m'avaient précédé dans l'auberge de Calaspara avaient épuisé les provisions et surtout la bonne volonté de l'hôtelier qui, me voyant seul, résolut de se dédommager sur moi de sa complaisance forcée pour le général et son escorte.

Lorsque je lui demandai un lit et un souper, il me répondit gravement que son feu était éteint, ses chambres occupées, et que je n'avais qu'à *voir ailleurs*.

Voir ailleurs, dans le langage des aubergistes, signifie toujours qu'il n'y a rien à chercher et que vous êtes à leur discrétion. Je savais, en effet, par mon guide que cette *possada* était la seule, à Calaspara, où un Français pût descendre sans danger, et il était trop tard pour aller frapper à la porte d'un couvent. Je tâchai, en conséquence, de fléchir l'aubergiste, en employant successivement les prières, les promesses, les menaces ; ce fut en vain : il demeura inébranlable. Tout ce que je pus obtenir, grâce à l'intervention de mon conducteur, fut un hachis que le dégoût m'empêcha de manger, et une paillasse dans un grenier formant dortoir pour les muletiers. Cependant telle était ma lassitude, qu'à peine au lit je m'endormis profondément.

Les souvenirs de la veille me poursuivirent jusqu'au milieu de mon sommeil. Je fus pris d'un cauchemar dans lequel ce que j'avais vu se mêlait en visions confuses aux imaginations les plus extravagantes. Mille embarras ridicules m'assiégeaient tour-à-tour. Je me trouvais sur la grande place de Jaën, un jour de revue, sans pantalon et l'épée au côté; le général Guillaume voulait me faire manger un hachis assaisonné avec les rognures de colbacks de ses hussards; l'aubergiste et la senora Beata complotaient pour me forcer à devenir capucin...

J'en étais à ce dernier rêve lorsque des coups violents, frappés à la porte du grenier, me réveillèrent en sursaut. Je me redressai épouvanté... Plusieurs personnes parlaient haut sur l'escalier et répétaient mon nom.

— Qui est là? que voulez-vous? criai-je en saisissant instinctivement mon épée que je plaçais toujours à mon chevet.

— C'est moi, major, répondit une voix connue.

— Cordier?

— Oui ; ne craignez rien et ouvrez vite.

Je courus tirer les verrous ; le maréchal-des-logis entra brusquement.

— Qu'y a-t-il ? demandai-je un peu saisi.

— Je viens vous chercher de la part du général, dit-il, en posant sur un meuble la lumière qu'il tenait à la main ; il désire vous voir sur-le-champ.

— Serait-il arrivé quelque malheur au château ?

— Aucun.

— Que diable peut-il me vouloir alors ?

— Je n'en sais rien ; mais il y a une demi-heure qu'on est venu me réveiller de la part du *père Guillaume* ; je l'ai trouvé au salon, marchant à grands pas les mains dans ses manches comme un jour de bataille. — Sais-tu où trouver un chirurgien ? m'a-t-il demandé. J'ai tout de suite pensé à vous, et je lui ai dit qu'il y avait un aide-major du huitième à Calaspara. Il m'a répondu : — Va le chercher. Je suis parti, et vous allez me suivre.

— Je n'en vois pas la nécessité, répliquai-je : s'il n'y a ni malade ni blessé à Lucar, je puis aussi bien m'y rendre demain.

— Non pas ! s'écria vivement Cordier, il m'a dit de vous amener, major, il faut que je vous amène. Mille dieux! si vous ne veniez pas, il trouverait moyen de nous en faire repentir tous deux; vous ne savez pas ce que c'est que la rancune d'un moine. Vite, debout. J'ai amené pour vous un cheval.

Je me décidai à m'habiller en maugréant contre le *père Guillaume*, et je partis, bien décidé à lui laisser voir mon mécontement, s'il était vrai qu'il m'eût dérangé à pareille heure sans motif suffisant.

Dès que nous fûmes sortis des rues de Calaspara, le maréchal des-logis mit son cheval au galop, et je fus obligé de prendre le même train pour le suivre.

Nous traversions une campagne sans chemin tracé, entrecoupée de blocs de pierre, de buissons et de ravines qu'il fallait à chaque instant tourner ou franchir. Mon cheval fut dix fois sur le point de s'abattre, et, chaque fois, en le retenant de la bride, j'envoyais une malédiction au général. Enfin mon guide, qui avait toujours galopé devant, ralentit le pas et m'attendit.

— Nous voilà rendus, dit-il.

— Rendus? répétai-je, en regardant autour de moi avec étonnement; je ne vois que des montagnes.

— Là-bas, sous nos pieds, n'apercevez-vous point quelque chose?

— Un point noir?

— C'est le château de Lucar.

— Comment ! au fond de ce gouffre ?

— Ne savez-vous point que dans ce bienheureux pays les hauteurs sont aussi arides que la tonsure d'un calotin ? Lorsque l'on veut de l'eau et de la verdure, il faut bien descendre.

— Mais comment arriver au bas de cet entonnoir de pierres ?

— Il y a un chemin ; seulement il est étroit, et nous ferons bien de mettre pied à terre.

Je suivis le conseil de Cordier, qui passa le premier et me conduisit par un sentier tournant taillé dans les rochers, de manière à former une sorte de corniche au-dessus de l'abîme. Les chevaux s'avançaient avec répugnance, le cou tendu et se faisant tirer par la bride ; enfin, après dix minutes d'une marche périlleuse, nous atteignîmes une esplanade au bout de laquelle s'élevait le château.

Une seule fenêtre était éclairée et laissait voir, à travers ses rideaux transparents, une ombre qui semblait immobile. Cordier me la montra en disant :

— C'est le général ; il nous attend.

Le salon dans lequel m'introduisit le maréchal-des-logis était dallé de marbre noir et tapissé de cuir violet à fleurs relevées. Il était éclairé par une lampe d'argent de forme gothique, dont le rayon lumineux ne dépassait point le grand guéridon sculpté qui la supportait. Assis devant ce guéridon, et les deux mains dans ses manches, comme me l'avait annoncé Cordier, le général regardait quelques lettres et des cartes à jouer dispersées devant lui, tandis que de l'autre côté, mais plus reculé dans l'ombre, se tenait l'Espagnol don Perez, également assis et immobile.

Lorsque la porte s'ouvrit et que le maréchal-des-logis m'annonça, tous deux retournèrent la tête; mais le baron seul se leva.

— Enfin ! s'écria-t-il ; par les cinq cents diables ! où êtes-vous donc resté, major ?

— Moi ? répétai-je, stupéfait de la réception et du reproche ; mais je ne suis resté nulle part, puisque me voilà.

— Dieu me damne ! vous avez pris votre temps.

— Tout juste le temps de me lever, général...

— Vous étiez donc au lit ?

— C'est mon habitude la nuit.

Il me regarda d'un air farouche, mais j'étais d'assez mauvaise humeur pour tenir tête à l'empereur lui-même.

— Désolé de vous avoir dérangé, reprit-il d'un ton qui signifiait évidemment qu'il en était enchanté, mais j'avais à vous parler.

— J'écoute, général. ...

Il fit signe à Cordier de sortir, alla fermer la porte, puis revint à moi.

— Je n'ai point l'honneur de vous connaître, major, continua-t-il, d'un ton moitié sérieux, moitié ironique, mais le maréchal-des-logis assure que vous êtes le plus habile chirurgien de l'armée.

— J'ai le caractère trop bien fait pour lui donner un démenti, général, répliquai-je.

— Il prétend que vous lui avez rendu la vue.

— Il dit vrai.

— Ainsi, vous êtes oculiste?

— C'était ma première profession.

— Et vous avez tous vos instrumens?

— Les voici, répondis-je en tirant ma trousse de campagne, et l'étalant machinalement sur le guéridon.

— Alors, préparez-les, dit le baron, qui se rassit : nous allons mettre votre habileté à l'épreuve.

Ces mots et ce mouvement me rappelèrent tout à coup ce que m'avait dit Cordier, et ce fut pour moi une révélation subite.

— Pardon, repris-je, en souriant malgré moi, mais je crains que le général ne se soit fait une fausse idée de notre art.

— Pourquoi cela ?

— Parce qu'on ne peut y avoir recours qu'à certaines conditions. Pour faire un civet, le *Cuisinier-Bourgeois* exige un lièvre ; pour *faire voir*, l'oculiste demande également un organe de vision.

— Eh bien ! que signifie ?...

— Cela signifie qu'où l'organe n'existe plus, toute opération est impossible, et qu'aucune science ne pourrait rendre au général l'œil qu'il a perdu.

L'ancien capucin se leva d'un bond.

— Prétendez-vous m'insulter ? s'écria-t-il pâle de colère.

— Comment, repris-je stupéfait, ne s'agit-il pas de vous ?

— Eh ! qui vous parle de moi, monsieur ? Avez-vous cru que je vous faisais venir pour m'apprendre que je suis borgne ! Pensez-vous que je ne le sache point, que je ne le sente point, que tout ne m'en avertisse pas assez ?

— Veuillez m'excuser, général ; mais comme vous vous informiez de mes connaissances en ophthalmologie, j'ai dû croire que vous m'appeliez dans l'espoir de recouvrer votre œil.

— Non, monsieur.

— Mais dans quel but alors, général ?

— Pour en ôter un à cet homme, dit-il en montrant don Perez.

Je reculai avec une exclamation ; l'Espagnol n'avait fait aucun mouvement.

— Voilà pourquoi je vous ai envoyé chercher, reprit le vieux militaire, et pourquoi je vous ai adressé ces questions.

— Pardieu ! interrompis-je avec dépit, c'était bien la peine d'éveiller un malheureux rompu de fatigue et de l'emmener au galop dans les montagnes pour lui faire une pareille plaisanterie.

— Ah ! vous prenez ceci pour une plaisanterie ! s'écria-t-il, en relevant sa casquette de velours ; que faut-il pour vous persuader que je parle sérieusement, monsieur? Sang du diable ! j'ai donc l'air bien plaisant ?

Il y avait dans l'accent du baron quelque chose de si véhément que j'en fus saisi. Je le regardai ; ses traits étaient livides, son œil unique étincelait, et une légère écume humectait ses lèvres crispées.

— Ah ! je plaisante ! continua-t-il en couvrant de son poing fermé les lettres posées sur le guéridon. Voyons, don Perez, dites-lui donc que ce n'est point un jeu ; allons, monsieur, c'est à vous, et non à moi, de parler.

Don Perez se leva, et je m'aperçus alors qu'il était fort pâle. Cependant il s'avança vers moi et me dit en français, mais lentement et comme en cherchant ses mots :

— Faites ce que le baron a dit ; je le veux aussi.

— Vous voulez devenir borgne comme lui ? répliquai-je en espagnol.

— Comme lui, oui, répéta don Perez avec effort.

— Mais c'est du délire !

— C'est de la nécessité, monsieur.

— Alors, vous ne consentez que par contrainte ?

— Non, je consens volontairement... il le faut.

— Mais pourquoi le faut-il ?

— C'est ce que vous ne devez pas savoir.

— Eh bien ! est-ce fini ? interrompit le général qui s'impatientait de notre dialogue en espagnol, qu'il ne comprenait pas.

— Je ne sais encore si je dois prendre au sérieux

votre étrange proposition, repris-je ; mais, en tout cas,
ma réponse est facile.

— Et c'est...

— Que je refuse.

Le baron, qui parcourait le salon à pas précipités,
s'arrêta devant moi.

— Écoutez, dit-il, parlons franchement ; le mystère
qu'il y a dans tout ceci vous surprend, vous épouvante
peut-être : vous craignez la responsabilité de l'acte
que l'on vous demande ; je l'avais prévu, et voici de
quoi vous rassurer.

Il me tendait un rouleau enveloppé dans un papier
que j'ouvris et sur lequel je jetai les yeux : c'était une
déclaration de l'Espagnol, attestant que j'avais agi sur
sa demande formelle et contraint par la menace.

— Cette signature est-elle vraiment celle de don
Perez ? demandai-je, de plus en plus surpris.

— Oui, monsieur, répondit-il.

— Et ce rouleau ?

— Renferme les honoraires du major.

Je le rejetai sur le guéridon.

— C'est trop pour une action innocente et trop peu
pour une action coupable, remarquai-je sérieusement

Don Perez et le baron n'ont qu'à chercher un autre médecin.

— Ainsi, vous ne voulez point faire votre métier ? s'écria ce dernier.

— Mon métier, général, consiste à guérir les infirmités lorsque je le puis, non à en donner.

— Eh bien ! allez au diable ! reprit-il avec emportement ; on se passera de vous. Je voulais éviter à don Perez les dangers d'un éborgnement contre les règles ; mais puisque vous refusez de lui rendre ce service, il se le rendra lui-même.

— Moi ? dit l'Espagnol.

— Auriez-vous peur, par hasard ? demanda le baron, qui le regarda en face.

— Général ! s'écria Perez avec un mouvement terrible.

— Ah ! je vois ce que c'est, reprit le vieux soldat d'un ton de mépris ; vous voulez profiter de ce refus pour vous tirer d'affaire. Vous avez pensé que je ne pourrais vous forcer à tenir parole ; et comme, chez vous, le courage égale la loyauté, vous espérez vous dispenser de payer une dette d'honneur...

— Vous mentez ! cria don Perez.

Et, courant au guéridon, il saisit un instrument

dans ma trousse et se le plongea dans l'œil gauche ?

Le mouvement avait été si rapide, si inattendu, que j'eus à peine le temps de m'élancer vers lui en jetant un cri. Il me rendit froidement la lancette et dit :

— C'est fait, monsieur.

— Se serait-il vraiment éborgné ? s'écria le général, immobile d'étonnement.

— Ne le voyez-vous pas ? répliquai-je en montrant la traînée de sang qui inondait le visage de don Perez.

— Mais peut-être l'œil est-il seulement blessé ?

— Perdu ! monsieur, perdu ! repris-je en examinant le coup, qui avait été porté au milieu même de la prunelle.

Le baron courut à la porte d'entrée, qu'il ouvrit vivement.

— Où est la sénora Beata ? demanda-t-il.

— Ici, répondit une voix.

— Qu'elle vienne !

Don Perez comprit sans doute l'intention du général, car il fit quelques pas vers la porte opposée ; mais les forces lui manquèrent, et il se laissa tomber sur un fauteuil. Je courus à lui. Dans ce moment, la sénora parut sur le seuil.

Elle s'y arrêta en plongeant un regard rapide dans le vaste salon, où l'obscurité l'empêcha de distinguer Perez.

— Venez, s'écria le général en lui prenant la main pour la forcer à entrer.

— Qu'y a-t il? demanda-t-elle d'un accent hautain; pourquoi m'avoir éveillée, puis m'avoir fait attendre? que me veut-on?

Le baron l'entraîna vers le guéridon.

— Connaissez-vous ces lettres, madame? demanda-t-il.

La senora tressaillit; une rougeur rapide couvrit son front, puis elle devint pâle; mais sa tête resta droite et son regard fièrement arrêté sur le général.

— Je les connais, dit-elle résolument.

— Et vous osez les regarder?

— Pourquoi ne l'oserais-je point?

— Pourquoi! répéta le baron tremblant de fureur; mais parce que ce sont les lettres d'une infâme, senora Beata, et que cette infâme, c'est vous!

— Le seul infâme, reprit-elle froidement, est celui qui force une jeune fille sans défense à lui donner sa main contre son désir.

— Ainsi, vous convenez de tout, reprit le général

Guillaume les dents serrées; vous ne vous défendez
même pas; vous n'avez ni honte ni regret, vous sem-
blez vous glorifier de votre trahison!... Et vous n'avez
pas peur, madame, que je vous écrase sous mes
pieds!... Mais vous ne savez donc pas que je les ai
lues, ces lettres toutes remplies de votre horreur pour
le *vieux mari borgne* et de votre amour pour l'amant
jeune et beau? Vous n'avez donc pas compris que je
voulais me venger de vous et de lui?

— De don Perez? répéta l'Espagnole, à qui cette
idée sembla ôter son assurance.

— J'aurais pu le tuer, reprit le général, j'en avais
le droit, et un Espagnol en eût usé; mais nous autres,
nous ne savons pas assassiner. Je voulais d'ailleurs
une vengeance qui durât plus longtemps. Je l'ai fait
venir ici, je lui ai montré ces cartes, et je l'ai obligé à
jouer contre moi...

— Sa vie? interrompit Beata palpitante.

— Non, son œil, et j'ai gagné. Regarde!

Il saisit la lampe qu'il approcha brusquement de
don Perez.

Beata n'avait point encore aperçu son amant; elle
poussa un premier cri de surprise, puis un second
d'horreur.

— Ah ! vous ne vous attendiez pas à ceci, reprit le général avec un éclat de rire de démon ; vous le voyez, j'ai traité Perez en ami, j'en ai fait un autre moi-même ; maintenant, du moins, les chances seront égales entre le borgne français et le borgne espagnol.

Beata ne répondit point, mais elle s'élança vers Perez, qui la reçut dans ses bras et la couvrit de baisers.

A cette vue, le baron changea de visage. Sa joie triomphante s'éteignit devant cet audacieux amour qui bravait même sa présence. Mordu au cœur, il poussa une sorte de rugissement, courut au bureau placé entre les deux fenêtres, et y saisit une paire de pistolets qu'il arma. Je m'élançai vers lui, les mains étendues.

— Laissez-moi, major, cria-t-il, fou de colère.

— Vous ne voudriez point commettre un assassinat, général, répondis-je.

— Je veux tuer ce misérable !

— Songez qu'il vous a accordé la satisfaction demandée, m'écriai-je. Ne soyez pas moins loyal, et rappelez-vous qu'il est maintenant ici sous la sauvegarde de votre honneur.

Le baron sembla hésiter, puis abaissa ses pistolets.

— Qu'il parte donc, balbutia-t-il en se contenant à peine, mais sur-le-champ; qu'il aille rejoindre ses anciens compagnons les bandits.

— J'y vais, murmura Perez à qui Beata avait ouvert une porte, et qui disparut.

Le général rejeta ses armes sur la table; mais l'effort qu'il venait de faire avait attisé sa colère; il la reporta tout entière sur la senora.

— A nous maintenant! dit-il, les lèvres frémissantes; approchez, madame, et répondez-moi!

Craignant l'explication qui allait avoir lieu, je voulus m'entremettre; mais il m'interrompit au premier mot.

— Il faut qu'elle parle! s'écria-t-il avec éclat; je veux tout savoir, tout entendre. Venez, senora, approchez, vous dis-je, et surtout prenez un air moins hardi, car ma patience est à bout. Ces lettres qui sont là étaient adressées à don Perez; qu'avez-vous fait des réponses? où sont-elles?

— Brulées, dit laconiquement Beata.

— Mensonge! cria le général.

Elle le regarda d'un air dédaigneux et garda le silence.

— Mensonge ! répéta-t-il ; je veux les voir ! Je veux que vous me confessiez votre honte tout entière, que vous me disiez où cet amour a commencé, depuis combien de temps il dure. Répondez, mais répondez donc, madame ! Montrez que vous m'entendez, que vous souffrez. Elle se tait... Ton cœur est donc fait de bronze ? Tu ne sais ni rougir ni pleurer ? A genoux, malheureuse, à genoux !

Il l'avait saisie avec violence par la main, et la fit tomber rudement à ses pieds.

— Parle, maintenant ! s'écria-t-il hors de lui ; qu'as-tu à me dire ?

Elle leva son visage pâle, et, arrêtant sur lui ses regards comme deux glaives :

— Je n'ai qu'une chose à vous dire, répliqua-t-elle, c'est que vous vous êtes vengé de don Perez comme un bourreau, et que vous vous vengez de moi comme un lâche.

Le général poussa un cri de rage et leva sur l'Espagnole ses deux poings fermés ; mais il se rejeta aussitôt en arrière.

— Emmenez-moi, major, bégaya-t-il comme épouvanté de sa propre colère.

Je l'entraînai par le bras, et nous descendîmes rapi-

dement l'escalier du château. Ce fut seulement en arrivant dans la cour que le vieux soldat recouvra la
parole.

— Un bourreau et un lâche ! répéta-t-il ; ce sont
deux mots qu'on ne peut venger qu'avec du sang.

—S'ils étaient prononcés par un homme, répondis-je ;
mais qui voudrait y prendre garde dans la bouche
d'une femme irritée ?

— Vous n'avez donc point vu de quel air elle les a
prononcés ? reprit-il ; c'est elle, la coupable, qui semble menacer. Elle me méprise, elle me hait ; elle sou-
haite ma mort, elle la médite déjà peut-être !...

— Que dites-vous, général !

— Oh ! vous ne la connaissez point comme moi !
L'âme de cette femme est un enfer !... vous ignorez
tout ce qui s'est passé, vous pensez peut-être que j'ai
justifié sa trahison par mes exigences ou mes duretés.
Mais non, major ; j'ai été pour elle plus qu'un père,
plus qu'un ami, plus qu'un amant ; je me suis couché
à ses pieds comme un chien soumis qui accepte les
coups et se trouve heureux pourvu qu'on le caresse
quelquefois en passant. J'ai obéi à tous ses désirs,
respecté ses préjugés, adoré ses caprices, et, pendant
que je me faisais ainsi son esclave, la misérable me

sacrifiait à un autre ; elle raillait ma faiblesse, et faisait de chacune de mes infirmités un triomphe et un jouet pour son amant.

A ces mots, il s'arrêta suffoqué et se couvrit le visage des deux mains ; il pleurait.

Cette douleur me troubla. L'amour éveillé chez ce moine devenu soldat, et qui avait passé des rigueurs du cloître à celles de la guerre, offrait évidemment toute la violence des impressions de la jeunesse sans en avoir la grâce. C'était un de ces tardifs entraînements dont on rit, parce qu'ils naissent hors de saison, mais dans lesquels ces demi-vieillards épanchent les passions comprimées pendant une existence entière. Le baron, à qui le désespoir avait ouvert le cœur, me confia successivement tous les détails de ce qui avait eu lieu ; il me parla de son mariage, de ses vains efforts pour se faire aimer de Beata, de ses soupçons et de sa découverte. J'employai toute mon éloquence à l'apaiser d'abord, puis à le consoler.

— Mais que faire enfin ? s'écria-t-il après avoir écouté mes raisons. Quel parti prendre avec cette femme ?

— La position est effectivement douloureuse et dif-

ficile, répondis-je : cependant, puisque le général demande mon avis...

— Ah ! parlez, major.

— Je crois qu'il n'y a, en pareille circonstance,
qu'une séparation...

Le baron changea de visage.

— Quitter Beata ! reprit-il ; c'est impossible, monsieur... Non ; je rendrais ainsi ma honte publique... Il
y a des malheurs qu'il faut savoir souffrir et cacher.
Ce serait d'ailleurs rendre service à la senora et récom-
penser sa trahison ; mon absence laisserait le champ
libre à son amour, tandis que ma présence sera du
moins un obstacle...

— Que la senora voudra peut-être renverser.

— Comment ?

— Le général exprimait tout à l'heure des
craintes...

— Tout à l'heure, reprit-il avec embarras, je me
suis laissé emporter et j'ai exagéré... Je serai sur mes
gardes, d'ailleurs ; et, qui sait ?... don Perez parti,
tout peut changer... A force de soins et d'indulgence,
je ramènerai Beata. J'aurai eu sans doute des torts de
mon côté ; je me surveillerai davantage ; je tâcherai de
les réparer !

Je regardai le baron avec une surprise mêlée de pitié. La seule pensée de quitter cette femme lui avait fait oublier tout le reste ; il ne la craignait plus , il ne lui en voulait plus ; il s'accusait pour la justifier ! L'amour du vieillard était plus fort chez lui que la raison de l'homme et que le ressentiment du mari !

Il devina sans doute ma pensée, car il rougit et ajouta brusquement :

— C'est d'ailleurs une affaire à régler entre moi et la senora ; il me reste seulement à m'excuser d'avoir dérangé le major et à lui fournir les moyens de regagner son auberge. Voici justement qu'on lui amène une monture.

Le maréchal-des-logis venait en effet de nous rejoindre avec les chevaux. Je m'approchai de celui qui m'était destiné et je pris congé du général. Il m'attira un instant à l'écart :

— Je crois inutile de rappeler au major, me dit-il d'un ton grave, que tout ce qu'il a vu et entendu ici, cette nuit, est un secret confié à sa délicatesse ; la moindre indiscrétion de sa part serait une trahison et une injure.

— Je promets de me taire, général.

Il me fit de la tête un signe de remerciment, me

serra la main, et je repartis pour la Calaspara, d'où je repris la route de Jaën.

Quelques jours après mon arrivée dans cette ville, je sus que le château de Lucar avait été livré, de nuit, par trahison, à une bande de *guerillas* qui avaient égorgé le général Guillaume avec ses hussards, et emmené la senora Beata. La dépêche qui apportait cette nouvelle ajoutait que, d'après les renseignements recueillis, cette bande était conduite par un chef inconnu, mais jeune, de haute taille, et ayant l'œil gauche couvert d'un bandeau.

FIAMMA

FIAMMA.

Vingt fois elle avait regardé la mer à travers les stores de sa fenêtre, et vingt fois elle était retournée s'asseoir sur le divan de soie; elle avait parcouru tous ses livres, effeuillé tous ses camélias, ouvert et fermé la boîte de pistolets damasquinés laissée sur sa chiffonnière par le comte; enfin, renonçant à vaincre une tristesse toujours croissante, elle avait couvert son visage de ses deux mains, et s'était mise à pleurer.

Mais autant les larmes qui sont vues et essuyées soulagent, autant celles qui coulent dans la solitude sont amères. Rien ne les adoucit ni ne les arrête; nous n'avons pas même un prétexte de consolation à notre douleur, et nous nous y abimons toujours de plus en plus !

Ah ! c'est alors que vient le besoin d'épanchement, et que l'on prend en horreur sa solitude ! Comme le naufragé jeté sur une plage déserte, on regarde autour de soi, puis au loin ; on cherche, on appelle ; et si on ne trouve aucune amitié vivante, on essaie à en ressusciter des mortes ; on se souvient tout-à coup d'un nom oublié ; on se prend à un amour perdu, et le cœur, dans son indigence, s'improvise une affection pour pouvoir se confier !

Comment Fiamma n'eût-elle pas eu recours au subterfuge de toutes les âmes isolées ? Bien des fois déjà, dans ses tristesses, elle s'était rappelé Effie, cette compagne d'enfance qu'elle avait tant aimée, puis qu'elle avait négligée dans l'absence ; bien des fois elle avait espéré renouer cette douce liaison en rachetant son oubli par une confidence longue et entière ! Cette pensée lui revint plus vive dans son désespoir. Son cœur, gonflé de plaintes, avait besoin de s'épancher ; elle courut à son pupitre, et se mit à écrire, ne s'arrêtant de temps en temps que pour essuyer ses larmes.

A EFFIE MAKSON, A DUBLIN.

« C'est moi, Effie, c'est moi, la pauvre étrangère que tu aimais tant !... Sais-tu encore seulement que j'existe ?... T'en inquiètes-tu ? En voyant cette lettre, reconnaîtrais-tu qui te l'écrit, sans avoir lu mon nom ?... Je crie vers toi du fond de mon désespoir, Effie !... Oh ! je suis trop malheureuse pour que tu ne m'aimes plus !...

« Te souviens-tu du temps où nous couchions dans le même dortoir, avec nos poupées sur nos oreillers et nos ménages de faïence à nos pieds ?... — Et plus tard, nos petits parterres où le cresson venait si bien ? Et plus tard encore, nos belles toilettes préparées pendant huit jours pour la messe du dimanche ? hélas ! C'était le dimanche aussi que mon tuteur venait me voir avec son fils Éric : tu te les rappelles ? Le comte si noble, Éric si... Eh bien ! Effie, le père est mort, et le fils est mon mari !...

« Ne crie pas d'étonnement ; ne t'indignes pas ; il l'a fallu ! Ma mère l'avait promis lorsque le comte de Rimberg nous sauva tous. C'est elle qui le choisit pour mon tuteur. Que pouvais-je faire, sans famille, sans amis, sollicitée par le comte, qui espérait arrêter au moyen de ce mariage les désordres de son fils?... J'ai pleuré beaucoup : puis j'ai consenti ! Peu après le comte est mort ; je suis restée seule avec Éric !

Effie, j'étais bien sûre d'être malheureuse ; mais je ne savais pas que je serais flétrie ! Nous autres femmes, hélas ! nous ne vivons pas : honte ou gloire, fortune ou pauvreté, tout nous vient par les autres ; notre existence n'est qu'un reflet. On m'a méprisée pour les vices d'Éric ! Ceux qui se disaient purs m'ont fuie, et de cet abandon, qui ne prouvait que leur cruauté, le monde a fait un témoignage contre moi. Puis, sous prétexte d'égayer ma solitude, Éric m'a présenté des femmes que je ne connaissais pas ; il m'a forcée à les visiter, à leur donner des fêtes, et tout-à-coup j'ai su que c'étaient ses maîtresses ! J'ai voulu me plaindre, mais il m'a répondu par l'injure, par la menace ! Alors j'ai rompu avec tout le monde ; j'ai fait de ma chambre une prison ; j'ai passé les journées et les nuits dans les convulsions ou dans les abattements du désespoir, entendant sous mes pieds les bruits de l'orgie, les chants cyniques et les rires des femmes perdues ! Un instant j'ai cru que je deviendrais folle ; puis la fièvre m'a prise, et j'ai rendu grâce à Dieu croyant que j'allais mourir..... Hélas ! Dieu n'a point accepté mes remercîments ; il a fallu vivre.

« Le comte était las de Venise ; nous sommes partis : nous avons vu la Suisse, l'Allemagne, la France ; j'ai passé partout sans rien voir, comme une ame maudite qu'emporte le démon.

« Dans les commencements, je pensais au suicide ; mais au moment du désespoir les moyens m'ont manqué ; maintenant, c'est le courage... Une humiliation trop long-temps acceptée nous rabaisse : à force d'en être flétrie nous désespérons de nous relever. Par instant, ma torpeur m'épouvante moi-même... Je sens que je m'arrange dans mon infamie ; je ne sais plus être fière avec la douleur.

« Mais aussi pourquoi être forcée de mourir avant l'âge quand on ne demanderait qu'à vivre, quand on sent toutes les soifs de la jeunesse ? Mourir sans rien savoir de ce qu'il y a de doux sur la terre ! O Effie ! si tu connaissais tous les rêves de mon affliction ! J'envie le sort de la paysanne qui me sert, de la jeune fille qui passe sous mes fenêtres avec son amant ! L'abrutissement peut éteindre la souffrance, le plaisir guérir la honte ; mais, moi, mon malheur est sans remède et sans compensation ! Cet homme auquel le hasard m'a livrée, quand il arrivera ici tout-à-l'heure, ivre et quittant des filles de joie, il faudra que je souffre sa présence; si je fuis, il n'aura qu'à faire un signe pour qu'on me ramène; si je demande protection à un autre homme, il n'aura qu'à dire un mot pour qu'on nous traîne tous deux devant les juges; car *je suis à lui!* La même loi qui me défend de me donner à Dieu pour toujours, m'a donnée sans retour à cet homme. Elle n'a pas eu peur de ma douleur en ne me laissant qu'une mort pour espoir!

« Et cependant, mon Dieu! moi aussi j'aurais su être heureuse! Te rappelles-tu, Effie, combien nous avons effeuillé de marguerites dans le jardin de ta mère pour apprendre si nous serions aimées?... Que de romans lus en secret sous la charmille et dont nous choisissions les héros pour époux? Jours charmants, où le mariage nous paraissait un palais de fées, à la porte duquel un bon génie nous faisait signe en souriant... Hélas! le bon génie a fait comme la femme de Mazen dans les contes arabes; quand nous nous sommes approchées il a pris toutes nos espérances dans ses bras et il s'est envolé!

« Le comte Éric vient de recueillir en Allemagne l'héritage de son dernier parent. Il est arrivé hier seulement à Marseille, où je l'avais précédé. Mais déjà il a trouvé des compagnons de plaisir. Demain matin, je les attends tous ici ; *le maître* m'en a avertie : il s'agit, je crois, d'un déjeûner, d'une promenade sur mer !... Je n'ai même pas la libre possession de ma solitude.

« Nous partirons dans quelques jours pour Constantinople. Le navire sur lequel j'ai arrêté le passage est là sous nos fenêtres, et n'attend qu'un bon vent. Cette lettre est peut-être la dernière que tu recevras de moi, Effie !... Une tempête, un corsaire, la peste d'Orient peuvent me délivrer bientôt; c'est mon espoir ! Aussi ces voyages me plaisent-ils par leurs périls. N'osant appeler *la grande libératrice*, je tâche qu'elle me rencontre, et je demande au hasard ce que je ne puis obtenir de mon courage.

« Mais quoi qu'il arrive, Effie, je ne serai point morte sans mettre tournée vers toi, et sans t'avoir crié adieu !... Que fais-tu maintenant, pauvre sœur de mon enfance ?... Regardes-tu en arrière ou en avant dans la vie ?... Oh ! avec quels sanglots de joie je te presserais dans mes bras !... Comme ta vue me redonnerait l'espoir de mes jeunes années !... Mais pourquoi y penser ?... Toi, tu es tranquille sans doute au fond de ton Irlande ; ta vie se passe comme autrefois à arroser des fleurs, à coudre et à apprendre des vers.

Tu as peut-être ancré ta destinée dans quelque pur et heureux amour! Il vaut mieux que je ne te revoie pas ; je troublerais ta sérénité!... Brille en paix dans ton azur, ma douce étoile! Je penserai à toi sans te parler ; je t'invoquerai tout bas comme les poètes... Cette lettre même n'ira point t'attrister, mon Effie! Je ne veux point altérer la douce image que j'ai laissée dans ta mémoire.—Que mon nom continue à ne te rappeler que des joies d'enfance et une amitié charmante! J'ai causé avec ton souvenir... c'est assez.... »

Ici Fiamma s'arrêta : L'entraînement des idées venait de la conduire à une décision qui rendait inutile tout ce qu'elle avait écrit. Comme il arrive trop souvent, sa douleur, en cherchant la consolation, avait parcouru un cercle vicieux et était revenue au point de départ.

Prise d'un découragement invincible, elle laissa tomber sa plume, cacha son visage sur sa lettre même, et recommença à pleurer.

Cependant, cette nouvelle crise fut courte ; ses larmes épuisées s'arrêtèrent, et sa douleur, engourdie par tant de secousses, s'apaisa. Elle se leva alors, et vint de nouveau s'accouder au balcon.

Elle avait, la veille, renvoyé sa femme de chambre

française ; la paysanne qui la servait s'était retirée, et le valet du comté avait suivi son maître, de sorte qu'elle se trouvait seule dans la *bastide*.

Celle-ci s'élevait sur un côteau garni de vignes, au pied duquel soupirait la Méditerrannée. La nuit étincelait d'étoiles ; les navires, immobiles et les voiles carguées, apparaissaient de loin en loin sur la baie ; on distinguait à l'horizon Marseille, qui se dessinait confusément entre le ciel et les eaux : de larges éclairs s'épanouissaient par instants dans l'espace, et d'amers parfums s'exhalaient des grèves altérées.

Fiamma contempla longtemps cette lumineuse sérénité de la nuit, comme si elle eût voulu la faire passer en elle-même ; mais son cœur se serra, blessé par tant de splendeurs ; laissant tomber le store, elle revint s'asseoir sur le divan qu'elle avait quitté.

Sa lampe s'était éteinte : aucune lueur stellaire ne pénétrait du dehors ; la jeune femme se sentit plus à l'aise dans ces ténèbres qui l'enlevaient au monde extérieur. N'ayant plus rien qui, en frappant ses sens, l'avertît de son existence, elle se laissa aller à la tristesse vague et endormeuse qui suit toujours les grandes crises de douleur.

Il y avait longtemps qu'elle était là, pensive, lorsqu'un bruit la fit tressaillir : elle leva les yeux ; une ombre venait d'apparaître sur le balcon ! Tout-à-coup le store fut écarté brusquement, et un homme s'élança dans la chambre.

Fiamma poussa un cri : l'inconnu s'arrêta étonné.

— Quelqu'un ici ! dit-il.

Et il voulut regagner la fenêtre ; mais il heurta dans dans l'ombre la jeune femme qui s'était élancée pour fuir. Elle jeta un nouveau cri.

— Silence ! balbutia l'étranger d'une voix agitée ; silence, sur votre tête !

Fiamma se tut, et chercha la porte à tâtons. L'inconnu, dont les yeux commençaient à s'habituer à l'obscurité, s'en aperçut ; il lui barra le passage.

— Écoutez-moi, dit-il, et surtout ne craignez rien.

— Laissez-moi ! répondit Fiamma.

— Vous ne sortirez pas, madame ; votre frayeur me trahirait ; il faut que vous m'entendiez !...

Fiamma recula épouvantée.

— Que voulez-vous ? demanda-t-elle.

— Rien que me sauver.

— Qui êtes-vous ?

— Un prisonnier en fuite. La moindre imprudence

peut remettre sur mes traces!... Au nom de Dieu,
Madame, ne me perdez pas !

La voix de l'inconnu était si suppliante, que Fiamma
se sentit rassurée. C'était une imagination mobile et
hardie que l'extraordinaire intéressait vite ; aussi son
premier effroi fit-il place, presque aussitôt, à une
sollicitude curieuse.

— Vous n'avez rien à craindre de moi, Monsieur, dit-
elle ; mais dans quel espoir avez-vous pénétré ici ?

— En voyant cette *bastide* où ne brillait aucune lumière, j'ai cru qu'elle n'était habitée, comme toutes les
autres, que le dimanche, et que je pourrais m'y cacher.

— On vous cherche donc ?

— Écoutez !... interrompit brusquement l'inconnu.

Une rumeur confuse venait effectivement de se faire
entendre sur le chemin. On distingua bientôt des pas
mesurés, un cliquetis d'armes et un murmure de voix ;
mais ces bruits ne firent que passer, puis s'éloignèrent.
Le prisonnier s'approcha alors doucement de la fenêtre,
et écarta le store pour voir la direction que prenaient
les soldats... Dans ce moment, les rayons de lune
éclairèrent ses vêtements.

— Un galérien ! s'écria Fiamma épouvantée.

Le fugitif laissa retomber le store.

— Ne l'aviez-vous point deviné? demanda-t-il d'une voix altérée.

Et comme la jeune femme reculait sans répondre.

— Je comprends, continua-t-il, vous avez cru recevoir un de ces coupables dont le crime est une gloire! Un conspirateur ou un proscrit... Cet habit rouge a détruit votre erreur. Mais ne craignez rien, madame, je n'abuserai point d'une pitié surprise : quelques minutes de patience seulement; dès qu'on aura cessé d'entendre le pas de ceux qui me cherchent, je repartirai.

Ces mots furent prononcés avec une tristesse si digne, que Fiamma en fut intéressée.

— Comment pourrez-vous leur échapper? demanda-t-elle.

— Je l'ignore : qu'ils ne me reprennent point vivant, c'est tout ce que je désire. J'ai porté leurs chaînes avec résignation pendant le temps qu'il a fallu pour les briser; mais maintenant que j'ai senti mon pied sans anneau de fer, maintenant que j'ai goûté l'air libre, que je suis rentré en possession de moi-même, je ne retournerai plus sous le bâton de l'argousin : ils me tueront d'un seul coup s'il le faut; je ne veux plus mourir en détail.

Fiamma fut touchée de cette résolution.

— Que puis-je faire pour vous sauver ? dit-elle.

— Me cacher ici cette nuit et demain ; j'aurai échappé, alors, aux premières poursuites ; je pourrai éviter les autres.

— Et où irez-vous ?

— A Lyon.

— J'en arrive, fit observer Fiamma. La surveillance y est extrême depuis les derniers troubles ; vous aurez peine à vous y cacher.

— Je le sais, Madame, mais il faut que j'y aille, il le faut absolument.

Il y eut un moment de silence. Fiamma flottait entre l'intérêt et le soupçon ; le forçat semblait réfléchir.

— Vous arrivez de Lyon, Madame, reprit-il enfin, et vous êtes Italienne, si j'en juge par votre accent.

— Il est vrai.

— N'auriez-vous point connu la signora Lorcano ? Fiamma fit un mouvement.

— Oui, dit-elle, d'une voix troublée ; pourquoi cette question ?

— La signora est-elle encore à Lyon ?

— Elle y était il y a quelques jours... Mais quel intérêt pouvez-vous prendre?

Le forçat se tut un instant.

— Puisque vous connaissez la signora, Madame, reprit-il enfin, vous avez entendu prononcer mon nom sans doute...

— Comment?

— Je suis Alexis Rouvière.

— Vous! s'écria la jeune femme en reculant.

— Je vois que vous connaissez ce nom, continua le fugitif d'un ton douloureusement amer ; oui, Madame, c'est moi qu'ils ont condamné, pour avoir voulu *la* voler et l'assassiner..... et la signora l'aura cru, sans doute, comme les autres!...

— N'était-ce donc point la vérité? demanda Fiamma vivement.

Le forçat ne répondit pas et il y eut une longue pause ; mais la jeune femme entendit tout-à-coup qu'il pleurait!...

Il est des douleurs qui renversent d'un seul coup nos convictions les mieux arrêtées : ce ne sont ni les plus bruyantes, ni les plus pathétiques ; le cœur les reconnaît sans qu'on puisse dire à quel signe. On a quelquefois repoussé toutes les protestations, détruit toutes les défenses ; l'esprit est arrivé, de preuve en preuve, à l'évidence, quand tout-à-coup une larme, une seule, vient vous rejeter dans l'incertitude ; ce fut ce qu'éprouva Fiamma.

— Et cependant, dit-elle, comme si elle eût répondu tout haut aux doutes qui s'élevaient entre elle... ces bijoux trouvés sur vous... ces armes.

— Tout m'accusait, Madame, et pourtant...

— Achevez.

— Pourtant.... je n'étais ni un voleur, ni un assassin !...

— Est-ce possible ! s'écria Fiamma.

En voyant que Rouvière gardait le silence.

— Au nom de Dieu ! expliquez-moi tout alors ! s'écria-t-elle.

— A quoi bon ? nous autres misérables ne protestons-nous pas toujours de notre innocence ?... Qui vous prouvera que je ne vous trompe pas comme les autres ? Une vérité qui me disculpe ne peut vous paraître qu'un mensonge ; mes assurances vous laisseraient le doute et me vaudraient à moi la honte d'un soupçon.

— Non, dit Fiamma, je croirai.

Le forçat secoua la tête.

— Ce que j'aurais à dire est trop étrange, Madame. Que j'aie ou non mérité mon sort, que vous importe d'ailleurs?... Je n'ai point de droit à votre intérêt..... Il n'est qu'une seule personne au monde que j'eusse voulu détromper!...

— Et cette personne?...

— Est celle pour qui j'ai été condamné.

— La signora Lorcano?...

— C'est elle que je cherche, c'est pour elle que je me rends à Lyon...... où je ne pourrai la voir peut-être!..... Et cependant, mon Dieu ! à elle, je voudrais que la vérité fût connue.

— Eh bien, parlez, dit Fiamma ; par moi elle saura tout.

Le forçat releva vivement la tête.

— Est-ce vrai ? demanda-t-il... ainsi vous la verrez.

— Je la verrai.

— Et si je ne puis la joindre, vous lui rapporterez fidèlement mes paroles ?

— Tout ce que vous m'aurez dit, elle le saura !

Il cacha un instant son visage dans ses deux mains.

— Hé bien, je vous raconterai tout, reprit-il, après un court silence ; mais souvenez-vous de votre promesse ; répétez-lui scrupuleusement mom récit!... Qui sait !... elle peut-être, elle me croira !

II.

— Je n'ai jamais connu mes parents, et c'est à
l'hospice des enfants trouvés que se sont écoulées mes
premières années. Remarquant chez moi plus d'application que chez mes compagnons, la *sœur* chargée de
nous instruire, m'apprit tout ce qu'elle savait
elle-même ; je dus à ses soins l'avantage d'échapper
aux travaux abrutissants de l'atelier et de passer au
bureau de l'économe que j'aidai dans ses écritures.

M. Latour était un de ces paresseux adroits, qui
réussissent à s'approprier les avantages d'un emploi
en abandonnant à d'autres le travail. Dès que je pus le
remplacer, il me laissa tout faire, en me vantant beaucoup la marque de confiance qu'il me donnait ; sans
être dupe de cette prétendue confiance, c'était un moyen
d'échapper à la vie en commun dont je souffrais tant
depuis mon enfance. Je m'

M. Latour qu'une seule fois, le matin ; le reste de la journée se passait dans un isolement complet. Il faut avoir
connu l'existence enrégimentée de l'hospice, où toute
spontanéité est interdite, toute personnalité anéantie,
pour comprendre la douceur de la solitude. Je m'y plon-
geai avec une sorte de délire. Je cherchai à la rendre
plus complète et plus longue, en obtenant la permission
de coucher chez l'économe, sous prétexte d'être plus
tôt au travail. Je passais ainsi des jours entiers dans
mon étroit bureau, ne voyant rien autre chose que la
cime des peupliers qui se balançaient devant la
fenêtre, n'entendant d'autres voix que celles des
oiseaux qui chantaient dans les jardins.

Cependant les écritures de l'économat n'employaient
pas tous mes instants. M. Latour avait une bibliothèque
fort en désordre mais assez nombreuse ; tout le temps
que n'absorbait point mon travail était consacré à lire.

Je ne vous dirai point, Madame, par quels enchan-
tements me firent passer ces lectures successives ;
tout le monde se rappelle cet âge d'intérêt facile, où tout
ce qui est imprimé agit sur nous comme un talisman.
J'épuisai en peu de temps la bibliothèque de l'économe ;
mais un de ses livres s'empara bientôt, à l'exclusion de
tous les autres, de mes sympathies et devint en quelque

sorte mon évangile ; ce fut *les Mille et une Nuits.*

Et comment n'aurais-je point aimé ces histoires merveilleuses où la justice vient donner d'éternels démentis au possible, moi qui sentais toute la cruauté et toute l'indigence de la réalité ? Le moyen de ne pas croire aux miracles quand on en a besoin ? Malheureusement, rien ne devait arrêter mon imagination une fois engagée dans cette voie. Ne sachant rien du du monde, je ne pouvais reconnaître les frontières de la fantaisie. A part les fées et les enchanteurs, rien n'était faux pour moi dans les récits de Scheherazade.

N'avais-je pas vu d'ailleurs, dans l'histoire même, de ces grandes aventures qui conduisaient les pâtres à la chaire de Rome et les mendiants au trône ? Ne savais-je pas que des reines avaient parfois choisi dans la foule, et donné leur amour à des hommes obscurs !... Pourquoi n'aurais-je point cru ces hasards communs ?... Ce qui était juste devait arriver souvent, et ma raison n'était point choquée de ce qui choquait les vraisemblances du monde.

Aussi, que d'espérances insensées je conçus alors, que de projets irréalisables ! J'avais vingt ans, et tous les désirs turbulents d'une nature passionnée commençaient à se faire sentir en moi ! Les aspirations

de l'âme et les aiguillons de la sensualité se réunis-
saient pour peupler mes nuits de visions ardentes.
Chaque soir j'apercevais en rêve une de ces sultanes
plus belles que le jour, qui attendent dans un palais
enchanté l'arrivée de l'inconnu qu'elles doivent aimer ;
elle me tendait les bras, je l'entendais m'appeler !...

Par une singularité étrange, les femmes que je
voyais, loin de m'émouvoir, m'inspiraient une sorte
de répulsion. Associées à la réalité misérable et brutale
qui m'entourait, je ne pouvais les en séparer dans mes
impressions ; mon cœur cherchait plus loin et plus
haut l'objet de ses désirs.

Aussi l'esclavage de l'hospice ne tarda-t-il pas à me
devenir insupportable. J'entendais, à la porte, le bruit de
ce monde où se trouvait la réalisation de mes chimères !
On m'avait bien parlé de dangers à courir, de monstres
à combattre et de douleurs à supporter ; mais j'étais
jeune, avide de bonheur, je voulus tenter l'aventure !

Pardonnez-moi, Madame, ces longs détails, ils sont
indispensables pour vous faire comprendre ce qui va
suivre ; car c'est mon éducation même qui a préparé
mes souffrances et ma honte.

J'avais été adressé, en quittant l'hospice, à un
entrepreneur de copies qui me fournit du travail : les

profits étaient peu considérables, et pour gagner rigoureusement de quoi vivre, il fallait s'occuper tout le jour. Je n'abandonnais donc ma mansarde que lorsque les dernières lueurs du soleil couchant s'étaient éteintes. Je déposais alors ma plume, et je gagnais une des promenades de la ville, renouant mes rêves à l'endroit où je les avais laissés la veille.

L'air et le mouvement m'enivraient : sûr que l'obscurité qui commençait à se répandre cacherait la pauvreté de mes vêtements, j'osais m'approcher des promeneurs, je côtoyais les allées les plus fréquentées ; là, plongeant des regards avides au milieu des groupes de femmes parées, je les contemplais avec des frissonnements dans toutes les veines, j'écoutais le son de leurs voix, j'aspirais les parfums qu'elles laissaient après elles; puis, quand elles avaient disparu et que je me trouvais seul dans la nuit, un désespoir profond s'emparait de moi; je me laissais tomber sur un banc isolé, la tête cachée dans mes genoux, et je pleurais long-temps !

Cependant, je restais dans le vague d'une aspiration générale; et mon attention ne s'était encore arrêtée sur aucune femme en particulier : j'avais une religion sans avoir d'autel, lorsque le hasard vint donner un objet à mes désirs. En face de ma mansarde se trouvait une maison que le propriétaire avait l'habitude de louer toute garnie aux riches étrangers qui s'arrêtaient à Lyon. Elle était inocupée depuis quelque temps, lorsqu'un matin, en me mettant à ma croisée, j'aperçus la grande porte cochère entrebaillée et des tapissiers occupés à tendre des rideaux. Peu après, une des fenêtres s'ouvrit, et une jeune femme parut au balcon; c'était la signora Lorcáno !

Fiamma fit un mouvement involontaire, mais il ne fut point remarqué du forçat, uniquement occupé de son récit.

— Vous connaissez la signora, Madame; je n'ai donc rien à vous dire de sa beauté. Elle me frappa alors si vivement, que j'en restai comme ébloui ! C'était la première Italienne que je voyais, et je n'avais jamais rencontré auparavant, dans aucune femme, cette noblessé héroïque jointe à la grâce voluptueuse.

Après avoir regardé quelque temps dans la rue, la signora leva les yeux vers moi. Mes traits exprimaient sans doute mon émerveillement, car elle rougit et quitta la fenêtre. Je fus près de jeter un cri pour la rappeler.

Après avoir vainement attendu pendant long-temps qu'elle reparût au balcon, je fermai ma croisée et repris mon travail, mais l'image de l'Italienne ne pouvait me quitter. Elle s'interposait sans cesse entre mon papier et mes yeux : je retournai vingt fois à la fenêtre.

Les jours suivants se passèrent dans les mêmes préoccupations et les mêmes troubles ; j'étais devenu incapable de tout travail suivi.

Vous devinez que mon premier soin avait été de prendre des informations au sujet de l'étrangère : mon humble position rendant mes rapports possibles avec les gens qui la servait, je ne tardai pas à savoir son nom. J'appris, en même temps, que sa main était destinée à un homme livré à tous les déréglements et qu'elle n'aimait pas ! Cette dernière circonstance m'expliquait pourquoi elle restait des heures entières sur le balcon de l'hôtel, la tête mélancoliquement penchée sur un livre dont elle regardait toujours le même feuillet. J'avais même cru remarquer plusieurs fois qu'elle se cachait pour essuyer des larmes !... Vous comprenez, Madame, si cette découverte rendit la signora plus belle à mes yeux ! c'était le charme du malheur ajouté à tous les autres ; je voyais ainsi un pont jeté entre nos deux destinées ; la souffrance nous rapprochait.

Je passais les journées à ma croisée, épiant les moindres mouvements de la signora, et vivant de sa vue comme on vit de l'air et du soleil. Ainsi que je vous l'ai dit, je l'avais d'abord effarouchée ; mais elle finit sans doute par me prendre en pitié. Il y eut comme un compromis entre mon adoration et sa modestie ; je gardais le silence et elle ne chercha plus à fuir mes regards.

Cependant ma passion allait croissant dans l'ombre. Jamais le monde réel ne m'avait paru ressembler autant à celui des *Mille et une Nuits.* Pour moi, pauvre honteux, cachant ma misère dans un grenier, l'hôtel voisin n'était-il point en effet un palais de génies, et la signora ne pouvait-elle se comparer aux plus belles sultanes des contes arabes ? Restait à trouver le magique pouvoir de rapprocher deux cœurs si éloignés l'un de l'autre ! Je me demandai si l'amour n'était point, pour cela, un talisman assez fort ? — Question dangereuse, qui éveilla chez moi des espérances fatales !

Depuis quelque temps, la tristesse de la signora semblait augmenter, et soit que ses propres souffrances eussent éveillé dans son âme quelque sympathie pour les miennes, soit que ma contemplation passionnée excitât sa curiosité, je l'avais surprise plusieurs fois les yeux tournés vers ma mansarde. Quand nous aimons sans retour, le besoin d'échapper à nos tortures nous rend crédules ; la douleur se forge les mêmes illusions que l'orgueil. Je crus que la signora avait laissé tomber un regard au fond de ma misère, et que sa compassion était près de devenir un sentiment plus tendre.

Une telle vanité doit vous paraître ridicule; mais songez, Madame, que mon âge et ma nature me disposaient à l'extraordinaire; aucune limite ne séparait à mes yeux le probable du possible : c'était à peine si je connaissais les bornes de celui-ci.

Une circonstance inattendue acheva d'accréditer mon erreur. Un soir que la signora se trouvait, comme de coutume, au balcon, son tuteur entra; il tenait à la main une lettre qu'il présenta à la jeune fille. A peine y eut-elle jeté les yeux qu'elle se troubla : le vieillard s'en aperçut sans doute, car il la lui reprit avec une sorte d'impatience, et il s'engagea alors entre eux une conversation que je n'entendis pas, mais dont les gestes et les attitudes m'indiquaient l'importance douloureuse. Le tuteur paraissait employer tour-à-tour les reproches et les prières, tandis que la signora répondait par des supplications timides. Enfin le vieillard sortit, et la jeune fille resta quelques instants dans un accablement profond. Tout-à-coup, par un hasard sans doute, que je pris pour une intention, ses yeux se levèrent de mon côté, et ses mains se joignirent avec une expression d'angoisse si suppliante, que je crus qu'elle me demandait secours ! Éperdu, je tendis les bras vers elle, et je descendis mes quatre étages sans savoir ce que je faisais. Arrivé dans la rue, je courus sous le balcon de l'hôtel ; la signora le quittait; mais un bouquet tomba à mes pieds !... c'était le sien!...

Vous aurez peine à concevoir, Madame, comment des circonstances si légères et si faciles à expliquer purent confirmer mes espérances ; mais les préoccupations au milieu desquelles je vivais depuis quelques mois avaient prévenu mon esprit. J'avais trop d'intérêt à voir d'une certaine manière pour voir autrement ; rien de ce qui me semblait devoir établir un rapport entre la signora et moi ne devait me paraître fortuit, et mon désir ne pouvait manquer de donner un motif au hasard.

Je ne vous dirai pas dans quels transports me jeta la possession de ce bouquet. Je remontai chez moi fou de joie : je n'en pouvais plus douter, elle m'appelait à son aide et me donnait un gage du choix qu'elle faisait de moi pour la défendre ! Ah ! fallût-il, pour cela, donner ma vie, j'étais prêt ! — Mais que demandait-elle ? que devais-je faire ? — elle trouverait sans doute moyen de me l'apprendre.

Je passai la nuit dans une fièvre d'attente. Dès le

matin, je courus à ma fenêtre ; le jour entier s'écoula
sans que la signora parût à la sienne ! Qu'était-il donc
arrivé et comment lui faire savoir qu'elle pouvait compter sur moi ? Le lendemain, puis le lendemain encore
se passèrent sans qu'elle se montrât ! Je mourais d'impatience et d'inquiétude ; je m'étais informé près des
gens de l'hôtel sans avoir pu rien découvrir; enfin
j'appris que la signora allait partir pour la campagne.

Cette nouvelle me jeta dans le désespoir. Évidemment
son tuteur l'éloignait pour violenter plus facilement sa
volonté. Surveillée avec trop de soin, la signora n'avait
pu, sans doute, me communiquer ses désirs ni ses
craintes ; on l'avait retenue prisonnière ! Qui sait même
si quelques uns de nos regards n'avaient pas été surpris
et si l'on ne tenait pas à nous séparer ? Cette supposi-
tion devint insensiblement une certitude pour moi.

Il y a des heures où, sans avoir perdu la raison,
nous la tenons pour ainsi dire en interdit, et où nous
nous jetons sciemment dans l'extravagance, non par
aveuglement mais par choix. Mon amour long-temps
contenu avait besoin d'éclater en quelque manifesta-
tion insensée. Mes dernières espérances, en exaltant
chez moi tous les instincts aventureux, m'avaient donné
un sentiment exagéré de mes forces. Je ne sentais

plus la terre ; les obstacles n'existaient plus pour moi ; j'étais à mes propres yeux un héros de roman ! Écrire à la signora était un moyen trop vulgaire pour que j'y pusse songer ; il était d'ailleurs peu sûr, et rien ne me garantirait une réponse ; je résolus de pénétrer jusqu'à elle à tout prix !

Je méditai deux jours cette étrange entreprise, et à force d'y penser elle me parut facile. Je combinai si souvent toutes les chances, j'inventai tant de ressources, je composai tant de scènes, dans lesquelles je me faisais un rôle héroïque ou touchant, que j'arrivai à ne plus douter du succès. Dailleurs la hardiesse de l'aventure me plaisait ; c'était sortir de la voie commune, et l'audace du moyen devait donner une plus grande idée de mon amour.

Je me revêtis de mes meilleurs habits, comme pour une fête, je plaçai sur mon cœur le bouquet séché de la signora, et, m'armant d'un poignard qui complétait à mes yeux le rôle que j'allais jouer, j'attendis le soir pour m'introduire dans l'hôtel.

Je ne vous dirai rien, Madame, de mes précautions, de toutes les crises de crainte et d'espoir qui m'agitèrent pendant ces heures d'attente ! Il vous suffit de savoir que je réussis à tromper la surveillance et à parvenir jusqu'à l'appartement occupé par la signora.

Elle ne s'y trouvait point ; mais tout y était encore dans un désordre qui annonçait sa présence récente. Des livres entr'ouverts, des broderies commencées, des vêtements qu'on venait de quitter, étaient dispersés sur les fauteuils.

C'était la première fois que j'entrais dans un appartement élégant, et l'admiration qu'excita en moi le luxe dont j'étais entouré se confondit avec la ravissante pensée que j'étais CHEZ ELLE. Je regardais partout avec ivresse. Je me croyais transporté dans un palais de génies, et je m'attendais, à chaque instant, à entendre retentir, comme une musique céleste, cette douce voix de la signora que je ne connaissais point encore.

Revenu de mon premier émerveillement, je contemplai les uns après les autres les meubles qui garnissaient l'appartement. Je les touchais avec une sorte de respect tendre, je leur parlais, j'étais dans le délire !... En arrivant devant une toilette, j'aperçus un médaillon ; c'était son portrait ! après l'avoir couvert de baisers, je le cachai dans ma poitrine : je ne pensai même pas un instant qu'il pût avoir une autre valeur que celle d'avoir été porté par la sinora... Je ne pensais à rien ;... j'étais hors de moi ! —

Hélas ! je touchais pourtant à la fin de mon rêve !

Ici le forçat s'arrêta un instant, comme dominé par le souvenir de ses émotions. Fiamma paraissait en proie à un trouble inexprimable ; après une assez longue pause, il fit un effort pour reprendre son récit.

— Vous connaissez sans doute le reste, Madame, dit-il d'une voix plus brève et plus rapide, la conversation de deux servantes venues pour ranger l'appartement m'apprit que la signora était partie dès le matin pour Grenoble où l'attendait son fiancé ! Ma surprise et ma douleur me trahirent. Arrêté, puis livré à la justice, on trouva la preuve d'un vol dans le médaillon enrichi de diamans qui fut saisi sur moi ; dans le poignard dont j'étais armé, une préméditation d'assassinat !

Deux essais de suicide achevèrent de me montrer coupable ! Pour me défendre, il eût fallu répéter ce que je viens de vous raconter ; mais quel tribunal eût voulu me croire ? L'évidence était contre moi et je n'avais à lui opposer que l'histoire de mon âme ! Je ne pouvais expliquer les faits qui me condamnaient que par de romanesques fantaisies qui m'eussent rendu ridicule sans me disculper. Que m'importait d'ailleurs l'arrêt ? La signora était mariée, le monde et la vie ne m'étaient plus rien !

Un instant j'avais espéré la voir appelée elle-même

dans les débats, et alors, peut-être, aurais-je tout dit.
L'étrangeté d'un tel aveu, répété devant les juges et
sous la menace d'une condamnation, eût pu séduire
mon amour; j'aurais eu d'ailleurs un intérêt à me défendre, quelqu'un à persuader de mon innocence; mais
il ne se présenta que des valets qui déposèrent contre
moi! Je gardai le silence et je fus condamné.

J'étais d'abord résolu à mourir; la pensée du bagne
me retint : j'éprouvais la curiosité de connaître cet enfer dont j'avais entendu répéter le nom avec tant d'effroi. La souffrance m'avait fait prendre la société en
mépris; je voulus savoir comment elle punissait les coupables, moi qui savais comment elle protégeait les malheureux. Puis, je pensai que me frapper tout de suite,
c'était me reconnaître vaincu; ma haine pour les hommes me donna l'orgueil de vivre encore quelque temps.

Je suis resté ainsi trois ans au bagne, ajournant le
suicide. Il y a quelques mois, le hasard m'apprit qu'a-
près de longs voyages, la signora était de retour à
Lyon. Alors, la pensée de m'échapper pour la revoir,
ne fût-ce qu'un instant et dussé-je mourir aussitôt,
s'empara de moi, et je préparai les moyens de fuite
qui, aujourd'hui seulement, m'ont réussi.

A ces mots, Rouvière se tut. Fiamma l'avait écouté

avec une surprise et une émotion qui s'étaient souvent trahies. Les premières lueurs de l'aurore perçaient déjà à travers les stores fermés. Elle resta quelque temps la tête baissée, comme si elle n'eût osé regarder le jeune homme... Mais, se levant tout-à-coup avec un mouvement de douloureuse résolution, elle tourna vers lui son visage baigné de larmes. Rouvière recula d'un bond.

— La signora ! s'écria-t-il en portant ses deux mains à son front, comme s'il eût voulu s'assurer qu'il n'était pas le jouet d'un songe.

— Elle-même, dit la jeune femme ; elle, la cause involontaire de vos souffrances et qui sent le besoin que vous lui pardonniez le mal qu'elle vous a fait.

Le forçat, éperdu, les mains jointes, contemplait l'Italienne avec ivresse.

— Ainsi vous m'avez cru, dit-il ; oh ! cela suffit, Madame ; je vous vois, je vous entends, j'ai pu vous ouvrir mon cœur et exciter votre pitié ! je suis assez payé de mes douloureuses épreuves. Ah ! maintenant, mon voyage est achevé, mon but atteint ; qu'importe que ma fuite réussisse, je suis heureux pour longtemps et ils peuvent me ramener sur leurs pontons.

— Non, non, s'écria Fiamma, vous échapperez à cet odieux esclavage.

— A quoi bon? signora ; qu'irais-je chercher dans le monde ?... Vous m'avez parlé, je vous ai vue pleurer sur moi, que puis-je attendre de plus ?...

— Oh ! je le veux, je le veux ! la pensée de vos tortures me serait impossible à supporter. Vous quitterez la France.

Il secoua la tête.

— Comment le pourrais je ?

— Je vous y aiderai... On ne soupçonne rien. Nul ne vous a vu entrer ici ; je suis seule.

— Seule, répéta Rouvière avec étonnement.

Fiamma tressaillit ; la pensée qu'elle venait de se mettre par cet aveu à la merci d'un homme amoureux et désespéré lui fit regarder autour d'elle avec une sorte d'effroi. Rouvière remarqua ce rapide mouvement et le comprit.

— Que cet isolement ne vous effraie point, dit-il avec une dignité triste ; il peut ajouter à ma sécurité, mais non diminuer mon respect. Faites un geste et je pars pour ne plus vous revoir.

Fiamma fut attendrie.

— J'ai eu tort, dit-elle en lui tendant la main.

Il la saisit avec une exclamation de joie et la porta à ses lèvres.

— Oh ! pardon, pardon ! s'écria-t-il, laissez-moi la sentir sur mes lèvres..... laissez-moi m'assurer que je ne fais pas un rêve. Se peut-il, mon Dieu, que vous soyez là, que je vous entende, que je presse votre main, moi qui, hier encore, était soudé à la chaîne des galériens !

Et la pensée de ce bonheur inespéré jetant son âme dans une exaltation extatique, il se laissa tomber aux pieds de la jeune femme en serrant sur son cœur la main qu'elle lui avait abandonnée.

— Levez-vous, levez-vous ! s'écria l'Italienne troublée.

— Non, dit-il ; oh ! j'ai besoin de pleurer... Vous ne savez pas combien je vous aime ! Ah ! je voudrais que cette heure fût la dernière de ma vie ! je voudrais mourir à vos pieds, en vous regardant.

Fiamma était effrayée et attendrie à la fois.

— Au nom de Dieu, dit-elle, relevez-vous ; songez que l'heure avance et que l'on peut venir.

Rouvière laissa aller la main de Fiamma qu'il avait retenue, et faisant un effort, il se releva.

— J'attends les amis du comte ce matin, continua la jeune femme ; malgré toutes les précautions, ils peuvent vous voir ; il est impossible que vous conserviez

des habits qui vous trahiraient au premier regard.
Vous trouverez dans une chambre voisine tout ce qui
vous est nécessaire pour tromper leurs yeux. J'entends des pas sur le perron : c'est M. de Rimberg,
sans doute; il ne faut pas qu'il vous aperçoive avant
que je lui aie parlé : venez.

A ces mots, elle courut à une porte placée au fond
de l'appartement, entraîna Rouvière à travers un corridor, et le fit entrer dans une chambre éclairée par
le soleil levant.

— Demeurez là, dit-elle, jusqu'à ce que je vous
avertisse.

Et elle le quitta.

Cependant son embarras était extrême. Elle sentait
l'impossibilité de cacher ce nouvel hôte, à l'insu
d'Éric. Près de partir d'ailleurs, et ne connaissant
personne à Marseille, elle ne pouvait sauver le fugitif
sans le secours du comte. Mais comment justifier aux
yeux de celui-ci l'intérêt qu'elle prenait au forçat ?
Lui répéter l'histoire de Rouvière, c'eût été s'exposer
à des soupçons ou à des railleries; il fallait donc intéresser la pitié de M. de Rimberg en ne lui avouant
qu'une partie de la vérité : Fiamma pensa à ce qu'elle
pourrait lui dire, tout en regagnant le salon.

III.

Le comte Èric de Rimberg y était déjà et venait de
se jeter sur le divan que Fiamma occupait un instant
auparavant.

C'était un homme d'environ trente-cinq ans, d'une
force et d'une beauté peu ordinaires. Une intelligence
ardente éclatait dans ses yeux et sur son front ; mais
en revanche, ses lèvres respiraient la sensualité la
plus grossière. Il était aisé de voir au premier aspect
que le comte était un de ces philosophes dont la science
aboutit à la systématisation de la jouissance. Portant
dans celle-ci la subtilité de son esprit, il en avait fait
un art, et ses hautes facultés n'avaient ainsi servi
qu'à transformer un homme sensuel en un homme
corrompu.

Nul ne savait, du reste, réaliser comme lui, dans le plaisir, toutes les extravagances du caprice ; c'était une nature avide qui avait reporté dans le domaine des sens cette soif de l'impossible et cette aspiration vers l'inconnu qui est le fond de toute âme humaine.

Il arrivait après avoir passé une partie de la nuit dans l'orgie, exalté par le vin, échauffé par la marche et le cœur inassouvi. Le sang pétillait dans ses veines comme une liqueur en fermentation. Il éprouvait cette puissance de désirs qui rend l'homme doux comme un enfant ou féroce comme un tigre, selon ce qu'il se trouve en lui d'affection morale ou de brutalité.

Lorsque Fiamma entra dans le ralon, Éric, qui jouait nonchalamment avec une boîte de pistolets posée sur la chiffonnière, se détourna et fut frappé de la langueur charmante que les émotions de la nuit avaient répandue sur les traits de la comtesse. Justement irritée de ses désordres, Fiamma le traitait depuis longtemps comme un étranger, et leur union n'était plus qu'une communauté de nom et de fortune. Le comte s'était facilement consolé de cette espèce de veuvage dans les bras de ses maîtresses ; mais il avait découvert depuis quelque temps que le vice avait aussi sa monotonie. Le même esprit d'inconstance qui l'avait fait abandonner Fiamma pour des femmes moins belles, commençait à ramener ses désirs à celle-ci. La difficulté du retour animait d'ailleurs sa passion blâsée ; après une longue rupture, ce rapprochement avait toute l'excitation de la nouveauté.

Lorsque la jeune femme parut, il la salua donc avec une familiarité depuis longtemps inusitée entre eux et lui fit place à ses côtés. Fiamma, qui avait ses raisons pour ne point le mécontenter, vint s'asseoir près de lui.

Le comte prit ses mains dans une des siennes et de l'autre lui releva la tête pour la mieux voir.

— Vous êtes belle aujourd'hui, Signora, dit-il avec une sorte de tendresse libre.

Elle l'interrompit en rougissant.

— Je vous attendais avec impatience, dit-elle.

— Pourquoi cela ?

Promettez-moi d'abord que vous m'accorderez ce que je veux vous demander.

— Soit, répondit Éric avec distraction et en se rapprochant davantage.

Fiamma commença alors le récit qu'elle avait arrangé. Elle apprit au comte comment elle avait recueilli un prisonnier en fuite et le supplia de l'aider à le sauver. Mais à mesure qu'elle parlait, sa voix tremblante, son sein palpitant, ses yeux humides, tous ces signes d'une émotion touchante parlaient plus vivement aux sens du comte; il jeta un bras autour de la taille de la jeune femme et essaya de l'attirer plus près de lui.

— Monsieur le comte! s'écria Fiamma, êtes-vous si dépourvu de pitié? Je vous implore pour un malheureux qui souffre; vous me voyez près de pleurer et vous ne m'écoutez point.

— Et que m'importe cet homme? c'est à toi seule que je veux penser, Signora; assieds-toi sur mes genoux.

— Éric, je vous en conjure, écoutez-moi!

— Plus tard, plus tard; si tu veux tout obtenir, sollicite-moi plus tendrement... Je t'accorderai selon que tu m'accorderas...

— De grâce, Monsieur, dit la jeune femme honteuse, songez qu'il est là, qu'il peut vous entendre.

— Eh bien, qu'il entende le bruit de nos baisers, Fiamma.

En parlant ainsi, il voulut l'effleurer de ses lèvres; l'Italienne, qui s'était contenue jusqu'alors, se leva.

— Vous oubliez ce que nous sommes l'un à l'autre!

dit-elle avec une rougeur de honte et de colère au front.

— Je n'oublie rien ; mais tu es belle, et je veux que tu sois à moi.

— Jamais, s'écria Fiamma.

Le comte s'était levé à son tour, et s'avançait vers elle.

— Monsieur le comte, dit-elle, j'espérais que vous m'épargneriez au moins ce dernier outrage ! Vous m'avez délaissée volontairement ; vous avez porté à des femmes perdues l'affection et les soins que j'avais droit d'attendre de vous. C'est à elles désormais que vous appartenez ; nos liens sont rompus, et tout amour, vous devez le savoir, est impossible entre nous.

— Mais non tout plaisir, dit Éric.

— Monsieur ! s'écria-t-elle, en reculant indignée et effrayée à la fois, vous ne voudriez pas abuser de vos forces ? J'étais seule ici tout à l'heure au pouvoir d'un forçat, et il m'a respectée ; ne pouvez-vous atteindre à la délicatesse du bagne ? Laisse-moi, ou je crie au secours.

Rimberg éclata de rire.

— Que m'importe, dit-il ; on peut venir, on me trouvera près de ma femme.

— Je ne veux plus l'être.

— Et moi je veux que tu le sois. Songe, Fiamma, que nous allons partir pour un long voyage où nous nous aimerons fidèlement...... par nécessité.

La jeune femme se cacha le visage avec horreur.

— O mon Dieu, dit-elle, n'est-il donc aucun moyen d'échapper à de telles infamies ?

— Aucun, Signora, car je suis votre maître.

— Mais je vous méprise et je vous hais, dit Fiamma exapérée.

— Et pourtant tu me livreras tous les trésors de ta beauté, dit le comte avec un sourire empreint d'une ardeur cynique ; la force me donnera ce que l'amour me refuse. Merci, Fiamma, de m'avoir fait soupçonner un aspect nouveau du plaisir ! Je t'enleverai ce qu'on m'a toujours accordé ; et tu me feras connaître les voluptés d'une amoureuse violence.

En parlant ainsi, Éric s'efforçait de saisir la jeune femme.

Celle-ci sentit que ses forces l'abandonnaient, et la colère fit place aux larmes ; elle se laissa tomber à genoux.

— Grâce, Monsieur ! s'écria-t-elle ; ne m'avilissez pas !

— Je t'aime ainsi, dit Éric en plongeant des mains frémissantes dans ses cheveux dénoués... Mais voici le jour, Fiamma...... les amis que j'attends peuvent venir... je t'ai trop écoutée.

A ces mots, il l'enveloppa de ses bras ; l'Italienne poussa un cri d'horreur. Se dégageant par un dernier effort, elle promena autour d'elle un regard insensé : tout à coup ses yeux tombèrent sur la boîte de pistolets oubliée par le comte, et elle s'élança vers la chiffonnière, mais Éric avait deviné son intention, et lui arracha les armes au moment où sa main les saisissait.

Elle allait courir à la porte du corridor pour fuir, lorsque celle-ci s'ouvrit tout à coup, et Rouvière parut.

— Sauvez-moi ! s'écria Fiamma en tendant les mains vers lui.

Eric leva le pistolet qu'il avait à la main.

— S'il fait un pas, il est mort, dit-il.

— Misérable ! s'écria le forçat ;

Et il voulut s'élancer ; mais le comte fit feu. Rouvière porta la main à sa poitrine en poussant un cri, voulut

se retenir au mur, et tomba sans proférer une parole...

Le comte jeta son arme froidement.

— Je vous en avais prévenu, Madame, dit-il ; c'est
vous qui l'avez voulu.

Dans ce moment, des pas pressés se firent entendre sur l'escalier ; la porte du salon s'ouvrit, et les
amis attendus par le comte se montrèrent sur le seuil.
Mais à la vue du cadavre, ils reculèrent.

— Quel est cet homme ? demandèrent-ils avec effroi.

Fiamma ne laissa pas à Éric le temps de répondre,
et se précipitant vers le corps du forçat :

— Cet homme, lâchement assassiné par le comte,
s'écria-t-elle ; je vous en prends tous à témoins...
c'était mon amant.

. . . .

Trois mois après, Éric, forcé par le scandale de cet
aveu, poursuivait, pour cause d'adultère, la dissolu-
tion de son mariage, et Fiamma se laissait condamner
par les juges à la prison et à la misère.

Pour sortir d'un esclavage infâme, l'épouse du
comte de Rimberg n'avait trouvé d'autre moyen que
la honte.

UN DERNIER AMOUR.

UN DERNIER AMOUR.

I.

Dans un salon d'un hôtel situé rue Saint-Lazare, une femme d'environ trente ans reposait couchée sur un canapé, les mains croisées sur la poitrine, la tête renversée et les yeux fixés au plafond. Son visage avait pu être agréable avec la coloration de la santé et le sourire de la joie; mais, comme tous ceux dont la beauté est un peu vulgaire, les larmes l'avaient enlaidi. Son front n'était ni assez large, ni assez pur pour porter cette sublime paleur, diadême poétique que la douleur accorde quelquefois à ses élus ; sa pâleur, à elle, était de l'épuisement. Ses traits raccourcis, que la gaîté embellissait autrefois, avaient pris dans la tristesse une lourdeur triviale, et l'embonpoint de sa taille nerveuse formait, avec l'expression désolée de son visage, une sorte de contraste choquant.

Du reste, si l'harmonie manquait à l'ensemble de cette femme, si sa douleur était dépourvue de grâce, la force passionnée était puissamment empreinte en elle, et débordait de tout son être. On la sentait voltiger autour de sa chevelure fauve et onduleuse, s'exhaler de ses narines gonflées, jaillir de ses prunelles, dont le bleu grisâtre donnait à son regard l'inflexible éclat de l'acier. C'était évidemment une de ces natures absorbantes et absolues, qui ne s'épouvantent que de ce qui est facile et calme; un de ces cœurs qui, une fois touchés, se referment sur une affection, et qu'on ne peut plus détacher qu'en les brisant.

Quiconque eût vu la femme dont nous venons d'esquisser le portrait, telle que nous l'avons montrée, dans son immobilité douloureuse, eût deviné qu'elle se trouvait alors dans ce repos terrible, qui n'est ni de l'abattement ni de la résignation, mais le silence d'une passion qui refait ses forces et reprend haleine. Un coffret, à demi-ouvert, avait été jeté sur un coussin à ses pieds, et autour étaient dispersées des lettres trop froissées pour n'avoir pas été souvent lues et longtemps gardées sur le cœur. Leur présence seule sur le canapé révélait leur prix. C'était sans doute en les lisant que la triste jeune femme était tombée dans sa rêverie chagrine. Depuis quelques instants, elle était plongée dans une de ces contemplations intérieures, pendant lesquelles notre vie entière se concentre sur une de nos facultés, et lui donne une lucidité perçante qui franchit tous les obstacles ; elle suivait, avec les yeux de l'âme, quelque chose de lointain, de douloureux ; à voir l'indicible expression de désespoir empreinte sur son visage, il était facile de deviner que ce n'était point un malheur vulgaire dont l'image la frappait, mais qu'elle lisait une énigme funeste au fond de l'avenir, et qu'elle entrevoyait quelqu'un de ces grands désastres de cœur qui coupent la vie à sa racine.

Tout entière à cette espèce de seconde vue, elle avait perdu le souvenir de ce qui l'entourait. Cependant on eût dit que, dans cette absence de l'âme, les organes avaient conservé une habitude de perception machinale ; car son corps fut frappé d'un bruit qui la réveilla de sa vision et fit redescendre son intelligence dans le monde réel ; elle reconnut des voix et des pas qui s'approchaient du salon. Il est des instants où l'obligation d'un entretien indifférent parait une intolérable souffrance, et où la parole qui trouble votre repos produit sur vous le même effet que la main qui vous tracasserait dans la somnolence demi-éveillée du matin. L'idée de recevoir des étrangers, d'assujettir son esprit endolori au travail d'une conversation oiseuse, fit tressaillir la jeune femme sur son canapé. Se rappelant qu'elle avait oublié de défendre sa porte, elle rejeta brusquement le coussin qui recouvrait ses pieds, saisit le coffret plein de lettres, et s'élança rapidement dans sa chambre.

Elle avait à peine disparu qu'un jeune homme entra suivi d'une vieille servante ; il promena ses yeux autour de lui, et n'apercevant personne :

— Ma cousine n'est point ici, nourrice ? dit-il en se tournant vers la vieille femme.

— Elle sera sortie pendant que j'étais dehors, faut croire ; elle était là quand je suis partie.

— Est-elle toujours aussi souffrante ? demanda le jeune homme avec hésitation.

— Souffrante, ça n'est pas le mot, M. Henri ; sauf qu'elle ne dort, ni ne mange, elle se porte aussi bien que vous et moi... Mais le mal, c'est dedans, voyez-vous. Ça fend le cœur à regarder seulement ; cette enfant-là ne saura jamais se faire une raison.

Le jeune homme garda un moment le silence d'un air embarrassé. Il était aisé de voir qu'il eût voulu faire une question et qu'il balançait à l'adresser, ne sachant trop si elle était convenable. Il regarda quelque temps la nourrice, puis, s'approchant d'elle, il dit enfin très-bas :

— M. Marzoi vient-il aussi rarement ?

La vieille hausa les épaules avec une expression dédaigneuse de mécontentement.

— Quoi donc ? Est-ce que ça a du cœur un médecin ? Il sait bien pourtant que de le voir seulement ça met madame gaie comme une alouette ; mais attendez qu'il se gêne ! Voilà trois jours que nous ne l'avons pas vu.

Henri baissa la tête, et il y eut encore un silence assez long. La nourrice allait le rompre pour continuer sans doute ses doléances ; mais son interlocuteur, comme s'il eût déjà regretté ce qu'il venait de dire, la prévint en détournant la conversation.

— Y a-t-il longtemps que Victorine est sortie ?

— Un quart-d'heure tout au plus ; peut être même

qu'elle est ramassée dans sa chambre, comme ça lui arrive quand elle a envie de pleurer. Si vous voulez que j'aille voir, M. Henri, je lui dirai que vous êtes là.

— C'est inutile, je n'ai que peu d'instants à rester, ne la dérangez pas.

Et, sans écouter la réponse de la vieille, il s'assit familièrement comme une personne de la maison, prit un journal sur la console, et se mit à le lire avec une affectation d'intérêt qui semblait inviter la nourrice à se retirer. Celle-ci, après avoir rangé quelques chaises et tourné quelques instants autour de Henri, dans l'intention évidente de renouer la conversation, sembla enfin s'y résoudre; elle grommela entre ses dents quelques paroles inarticulées, et sortit du salon.

A peine la porte fut-elle fermée, que le jeune homme rejeta son journal, et se leva avec un mouvement à la fois brusque et triste. Il promena autour de lui un regard songeur. Tout ce qui l'entourait annonçait la présence d'une femme. Un dé d'or était tombé à terre et l'on apercevait une revue encore ouverte sous les plis d'une broderie commencée. Henri contempla ce désordre élégant avec une sorte de volupté silencieuse; il fit quelques pas vers le fond de l'appartement et s'arrêta devant la place qu'avait occupée sa cousine.

Le canapé, récemment foulé, avait conservé l'empreinte
du corps qui l'avait pressé, et l'on distinguait sur le
drap bleu du coussin où la tête avait reposée, la trace
de quelques larmes; une lettre entr'ouverte avait été
oubliée au pied du canapé. Henri parut en reconnaître l'écriture, car il pâlit légèrement à sa vue, et
détourna les yeux. Mais en se levant, son regard rencontra la glace, et une sorte de commotion intérieure
ébranla tout son être. Il demeura un instant immobile,
lisant avec un désespoir amer sur ses propres traits ,
puis comme si cet aspect eût éveillé en lui d'insuppor-
tables souffrances, il se couvrit le visage de ses mains
et se laissa tomber sur un fauteuil.

Du reste, si la douleur subite excitée chez le jeune
homme par le reflet de ses traits pouvait sembler exa-
gérée, elle était, en quelque sorte, justifiée par son
excessive laideur. Sa taille était si petite et ses
membres si grêles, qu'on l'eût pris, au premier abord,
pour un enfant, si une infirmité trop visible n'eût ex-
-pliqué la cause de cette faiblesse. Sa figure avait,
comme celle de tous les bossus, l'expression sardo-
nique et grimaçante que la nature paraît leur avoir
infligée comme une seconde infirmité. C'était à peine
si l'on pouvait découvrir, sous les lignes tourmentées

de ce visage, les lueurs d'une ineffable bonté, qui tombaient par moment d'un œil presque louche ou qui baignaient les coins de lèvres crispées. Pour comble de disgrâce, sa laideur était fardée d'une de ces fausses fraîcheurs qui ne déguisent les années que parce qu'elles n'appartiennent à aucun âge ; espèce de coloration artificielle, dont les traits reçoivent je ne sais quelle jeunesse équivoque et fanée, et qui, sans vous parer des grâces de l'adolescence vous ôte la majesté de la vieillesse.

Sans doute que la conscience de son indignité physique avait vivement saisi Henri, car il resta longtemps dans l'attitude d'un profond accablement. A la fin, pourtant, il releva la tête, et s'efforçant de secouer cette pensée importune, il reporta ses yeux autour de lui et les arrêta sur la lettre oubliée. Cette vue renoua sans doute une chaîne de pensées interrompue, car il tomba aussitôt dans une méditation profonde, à laquelle sa laideur était évidemment étrangère.

Mais, avant d'initier le lecteur au secret de cette méditation, nous croyons devoir donner quelques explications sur la jeune femme que nous n'avons fait qu'entrevoir au commencement de ce chapitre, et sur ce Henri dont nous ne connaissons encore que le nom.

II.

Restée orpheline à huit ans, Victorine avait été
confiée comme pupille, à Stanislas Marcel, conseiller
à la cour royale de Paris, et allié de sa famille. Ses
premières années s'écoulèrent près de son tuteur,
dans un éloignement complet du monde ; et lorsqu'à
dix-neuf ans le vieux conseiller lui proposa de l'épou-
ser, elle ne vit dans cette union que le moyen de continuer une existence facile, qui ne pouvait lui déplaire,
puisqu'elle n'en connaissait pas d'autre. Elle était à
un âge où l'on prend facilement les habitudes pour
des inclinations. Comme la plupart des femmes que l'on
marie à cette époque d'ignorance et d'irréflexion, elle
ne considéra cet acte important que comme un joyeux
déménagement célébré par des présents et des fêtes, et
elle aliéna son avenir avec la gaîté insouciante du sauvage qui vend sa cabane pour une gourde d'eau de feu.

La première année s'acheva sans l'éclairer sur la faute qu'elle avait commise. Il y a, en effet, quelque chose de si délicieux et de si beau dans la mise en communauté de deux existences, que les mariages les plus mal assortis exhalent encore à leur aurore quelques parfums enivrants. Mais si Victorine ne sentit pas d'abord les épines cachées sous sa couronne de mariée, elle éprouva tout de suite l'influence dangereuse de sa fausse position. Obligée de supporter un de ces amours de vieillard, auxquels on peut s'accoutumer, mais qu'on ne partage point, elle chercha insensiblement à trouver, dans la générosité complaisante du conseiller, un dédommagement à la tolérance qu'elle montrait pour sa passion. Elle entrait, ainsi sans s'en apercevoir elle-même, dans la voie de dissimulation si fatale à la sainteté du mariage, substituant le calcul à l'entraînement, et plaçant, comme les Juifs, au seuil du Temple, le trafic sur les bords du lit nuptial. A son insu, elle s'habitua à exploiter la tendresse d'un vieillard au profit de ses caprices. Les unions où le cœur n'est pour rien ont cela de fâcheux et d'inévitable qu'elles tuent la pudeur; car l'amour seul peut rendre chaste la volupté. Victorine oublia l'une après l'autre ces timidités folles et charmantes, qui, mieux que tout le reste, défendent une femme contre le vice.

Malheureusement, ce fut au moment même où ses forces morales faiblissaient ainsi, que le danger devint plus grand. Par suite de la vanité aveugle qui portent tous les vieillards à présenter dans le monde leurs jeunes femmes, comme une protestation contre leurs rides et leurs cheveux blancs, le conseiller Marcel fit sortir la sienne de la retraite et l'exposa à tous les orages d'une société démoralisée. A peine la jeune femme eut-elle mis le pied hors du milieu tiède et calme où elle avait été élevée, à peine eut-elle sentie l'atmosphère excitante du monde, que son âme prit feu et qu'elle fut révélée à elle-même.

Les passions qui se développent dès l'enfance empruntent à l'habitude quelque chose de placide; mais celles qui se manifestent tard, et que l'on embrasse par conséquent avec toutes les forces de la vie, ont toujours un caractère particulier d'irréflexion et de violence. Émue par la nouveauté des distractions qui lui étaient offertes, caressée dans toutes ses vanités de femme qui s'éveillèrent à la fois, Victorine se mit à courir après le plaisir, comme les enfants après les papillons, foulant aux pieds les fleurs, les blés mûrs, et laissant un lambeau de sa robe blanche à chaque buisson du chemin. Sa position la livrait sans défense à tous les dangers. Loin d'être pour elle une sauvegarde, son mari devenait une cause de péril ; car il suffisait de le voir pour deviner que l'amour ne défendait pas cette union et pour concevoir une insultante espérance.

Victorine ne sut pas résister à l'enivrement de son triomphe : aveuglée par les hommages, elle crut qu'elle pouvait tout hasarder, et elle obéit sans crainte à ses caprices les plus étourdis. Le monde, qui l'observait, vit ses fautes et lui en fit un crime ; car le monde, si familiarisé avec les mariages immoraux, le monde, si enclin à les applaudir, conserve en dépit de lui-même un bon sens inaliénable qui le rend sévère à leur égard ; son raisonnement intéressé les approuve, mais ses soupçons perpétuels les condamnent. On crut donc à la honte de Victorine avant qu'elle en eut donné le droit ; son mari était une preuve suffisante contre elle.

Cependant la jeune femme continuait à marcher dans sa voie sans se douter de ce qui se passait. Loin d'en être avertie par l'isolement, elle voyait la foule croître à ses côtés. Les soupçons que l'on avait conçus rapprochaient le plus grand nombre, et l'appat d'un vice douteux lui fit un culte et des adorateurs plus sûrement que ne l'aurait fait la certitude d'une vertu.

Elle commit alors des imprudences faciles à calomnier, et qui précipitent vite une femme dans cette situation désespérée qui n'a que deux issues, l'une conduisant loin du monde à la retraite et à l'oubli, l'autre s'ouvrant sur l'arène turbulente où les passions luttent contre la morale établie. Après quelque hésitation, Victorine se trouva entraînée à cette seconde issue sans l'avoir choisie, sans s'en apercevoir, et quand elle voulut se détourner, le seuil était franchi et tout espoir de retour perdu.

Sa première impression fut un saisissement d'effroi; puis la colère lui vint à la réflexion. Elle s'indigna contre les circonstances qui l'avaient fatalement entraînée, contre les plaisirs qui l'avaient séduite, contre le monde qui, après l'avoir poussée jusqu'au précipice, la couvrait de huées et proclamait sa chute avant même qu'elle fût tombée. Elle se demanda bientôt amèrement quel avange elle pourrait trouver à valoir mieux que sa réputation. Ce n'était point une de ces vertus ancrées sur la foi, qu'aucune tempête ne peut submerger, et qui trouvent un aliment pur et fortifiant jusque dans le mépris public. D'ailleurs, elle éprouvait déjà les fascinations de l'abîme. Elle voulut parler, les cris

étouffèrent sa voix ; elle voulut se plaindre ; l'on traita
ses plaintes d'hypocrisie. Alors le désespoir la prit de
tant d'injustice ; elle accepta par fureur le jugement du
monde, comme une victime qui brave ses bourreaux
après les avoir vainement suppliés ; elle prit son parti,
rit de sa honte, et ouvrant les bras qu'elle avait jusqu'a-
lors repliés sur son cœur, elle se laissa aller dans le
gouffre le long de sa pente la plus molle et la plus fleurie.

Elle commença ainsi une de ces existences de dissi-
pation et d'entraînement qui perdent irrévocablement
les femmes sincères dans leurs fautes, et qui n'ont
pas assez longtemps manié le mal pour savoir lui donner une forme acceptée. Le monde, qui n'avait trouvé
aucun blâme pour son mariage, se scandalisa des désordres qui en étaient la suite. Mais Victorine s'en
inquiéta peu. Elle avait fait l'expérience des jugements
de la foule et avait appris à les dédaigner. Comme tous
ceux qui ont rompu avec les préjugés, elle trouva un
orgueilleux plaisir à dépasser jusqu'à la calomnie, et
l'excès de son indignation contre la société s'exprima
par l'excès de son audace à la braver.

Cependant elle eut beau intéresser son amour-propre
à ses fautes, au milieu des orages qui l'agitaient, elle
resta triste et ennuyée. Emportée d'abord par la jeu-

nesse, elle s'était ensuite acharnée par colère à cette
vie qui avait fini par se transformer pour elle en nécessité ; mais son esprit était seul entré dans la confidence de sa vengeance. Ainsi, par suite d'un phénomène moral singulier que l'on peut observer fréquemment, Victorine s'était perdue sans se flétrir
entièrement. A mesure que ses désordres étaient
devenus plus hardis, son âme s'était repliée davantage en elle-même et était demeurée plus étrangère
aux actes extérieurs. On eût dit qu'elle l'avait pré-
cieusement mise à part de sa vie, pour s'en servir
plus tard, s'il y avait lieu. Sans doute que, parmi tant
de fanges, cette âme fut ternie par quelques impures
exhalaisons ; mais du moins les souillures ne jaillirent
point jusqu'à elle : le vice qui avait corrompu l'esprit,
n'alla pas plus avant, et il resta au milieu des ruines
de cette belle nature, un coin obscur où demeurèrent
ensevelis les germes du dévouement et de l'amour.

Cependant, la foule n'en sut rien, car la foule n'ana-
lyse pas ; elle ne vit dans Victorine que sa coupable
mobilité, et la jugea en conséquence. Le conseiller
Marcel qui avait longtemps ignoré ce qui se passait,
en fut averti par la rumeur publique. Le coup que lui
porta cette nouvelle fut terrible. Il avait conçu pour

Victorine un amour qui, comme toutes les dernières passions, avait quelque chose d'insensé. Lorsqu'il apprit que cette fleur précieuse, élevée par lui avec tant de soin, et dont le parfum devait embaumer le reste de ses jours, avait été souillée, il se sentit frappé au cœur. Il ne fit point entendre de plaintes; il ne hasarda point de rapprocher, mais il tomba gravement malade et il mourut au bout de trois jours. Victorine, qu'occupaient les bals, et qui s'informait rarement de son mari, apprit presque en même temps sa maladie et sa mort. Elle en éprouva un douloureux étonnement; mais ses larmes furent bientôt taries, elle ignorait la part qu'elle avait eu à ce malheur; elle n'y vit qu'une suite naturelle de l'âge. La disparition d'un vieillard est en effet un évènement prévu qui semble interdire les regrets.

On l'attend comme nécessaire; on l'accepte comme juste; la sensibilité humaine est routinière et ne s'émeut que de ce qui dérange l'ordre accoutumé.

On vit, en ouvrant le testament du défunt, qu'il instituait Victorine sa légataire universelle! Cette dernière volonté du conseiller excita quelque rumeur dans le monde. Les plus méchants rirent de la classique bonhomie du mari, enrichissant une femme qui l'avait déshonoré; d'autres plus graves, déplorèrent qu'il n'eût point été éclairé avant sa mort ; personne ne songea qu'il avait pu tout savoir et dédaigner la vengeance au-delà de la tombe, comme une impiété. Le monde devine tout, excepté les intentions généreuses.

Du reste, Victorine usa noblement, aux yeux de la foule, des largesses du conseiller, elle se montra généreuse à l'égard des collatéraux éloignés que le testament avait frustrés, et cette facile vertu, la seule que le vulgaire comprenne dans les âmes élevées, parce qu'elle est la moindre, ramena l'opinion publique qui s'était déclarée contre elle. Elle attacha peu de prix à ce retour de bienveillance ; mais les circonstances qui le lui avaient attiré lui gagnèrent un ami précieux.

Parmi les parents du conseiller Marcel, qui furent appelés par elle à partager la succession, se trouva un jeune homme, orphelin, pauvre et infirme. Henri Richomme avait commencé à souffrir en commençant à vivre. Affligé dès sa naissance d'une visible difformité, il avait été reçu par sa famille avec consternation, et le premier souhait formé par sa mère, en le voyant, avait été qu'il ne fût pas né. Au reste, les médecins déclarèrent, après l'avoir examiné, qu'il ne pourrait vivre, et cette déclaration fut reçue moins comme une menace que comme une espérance. Les parents s'habituèrent dès-lors à ne voir dans ce malheureux enfant qu'une création incomplète destinée à périr bientôt. Dans cette pensée, ils se défendirent de l'aimer pour prévenir un regret, et regardant son existence comme une de ces souffrances fatales que rien ne peut soulager, ils en détournèrent les yeux.

L'enfance de Henri s'écoula donc solitaire et sans caresses. Dépourvue des grâces qui attirent l'affection, elle fut sevrée de toutes les joies vivifiantes et de cette sève d'amour qui fait fleurir le premier âge. Ainsi replié sur lui-même, sans espace, sans encouragement pour vivre, le pauvre enfant se développa avec lenteur et chétivement. L'indifférence répulsive que lui témoignèrent ceux dont il était entouré lui donna une timidité nerveuse, qui ajouta la gaucherie à son infirmité. La nature ne l'avait fait que difforme, l'éducation le rendit ridicule.

La désaffection de sa famille s'en accrut d'autant, car il devenait de plus en plus pour elle un objet d'embarras, de honte et de désappointement. Sa mère seule aurait pu lui pardonner sa laideur à force de le voir souffrir, car le cœur d'une mère est comme celui de Dieu, et pour lui toutes les indignités sont rachetées par les larmes ; mais la mère de Henri était morte peu d'années après la naissance de cet enfant. Il ne lui restait donc désormais aucun refuge. Son père, homme probe, mais dur, avait arrangé l'avenir pour un fils valide qui pourrait continuer ses affaires ; la naissance du bossu dérangeait tous ses plans. S'il s'était résigné à ce malheur, c'était par la pensée qu'il mourrait bientôt, et maintenant voilà que le malheureux s'entêtait à vivre, inutile à tous, incapable de travail, et toujours là sous les yeux de son père, comme le souvenir vivant d'une cruelle déception.

Cette situation serait sans doute devenue la cause de souffrances intolérables pour Henri, si la mort de son père n'était survenue ; mais en le délivrant d'une persécution barbare, cette mort le laissait complètement sans ressources. Ce fut à cette époque que Victorine le connut. Il était, par sa mère, l'un des plus proches parents du conseiller Marcel, et, à ce titre, la légataire songea à le dédommager du tort que lui avait fait le testament du défunt. Elle voulut le voir, et le vague intérêt qu'elle avait éprouvé dès l'abord pour sa position, se changea bientôt en une compassion tendre et profonde. Au milieu du mépris poli dont le monde l'entourait, Victorine éprouva une inexprimable joie à pouvoir entreprendre quelque chose d'utile et de bon. Le bien apporte toujours avec lui sa jouissance ; mais il a, pour ceux qui n'en ont point l'habitude, une saveur plus neuve et plus enivrante. Madame Marcel poursuivit son généreux projet avec cette ardeur infatigable que donne un premier élan du cœur. Elle fut pour Henri la mère qu'il n'avait jamais eue ; elle l'environna de caresses, d'aisances et de soins. Elle l'aima d'abord pour faire du bien, puis elle l'aima davantage pour le bien qu'elle lui avait fait.

Le pauvre enfant fut tout étourdi d'un tel changement ; il lui sembla qu'il était mort, puis qu'il était revenu à la vie dans le paradis dont sa nourrice lui avait parlé si souvent ! Cependant peu à peu il reprit ses sens, se désaccoutuma du passé, et put comprendre que vivre ce n'était pas souffrir. Longtemps fermé, son cœur s'entr'ouvrit sous un rayon d'amour. Son enfance, qu'avaient prolongée les souffrances physiques et la dureté de ceux qui l'avaient élevé (car il avait seize ans) prit fin aussitôt qu'il eut changé de situation. Le bonheur lui donna de l'intelligence ; son âme et son corps se développèrent magiquement dans la chaude atmosphère qu'il venait de trouver ; mais tout ce développement tourna au profit de la reconnaissance. On eût dit qu'il ne se hâtait de devenir un homme, qu'afin de pouvoir donner des preuves irrésistibles de son affection et de son dévouement.

Le culte presque fanatique qu'il avait voué à Victorine ne fit que s'accroître avec l'âge ; celle-ci, de son côté, s'en rendit digne en remplissant jusqu'au bout la tâche qu'elle s'était imposée. L'instruction de Henri avait été fort négligée, elle lui donna les maîtres les plus habiles, et, grâce à leurs leçons et à son zèle, il compléta en quatre ans les études qu'on n'achève habilement qu'en neuf années. Victorine le plaça alors dans une maison de commerce, où elle prit un intérêt en son nom. L'association prospéra, et, au bout de quelques années, Henri se trouva à l'abri des chances de l'avenir.

Mais tandis que tout lui réussissait ainsi, une circonstance survint qui dérangea la position morale de sa bienfaitrice et compromit gravement son bonheur. Cette circonstance fut la liaison de Victorine avec M. Edmond Marzoi.

Edmond Marzoi, était un jeune médecin dont la réputation avait grandi subitement, à la suite d'un concours qui lui valut l'agrégation à la Faculté de Paris, et de deux ou trois cures merveilleuses qui avait révélé son habileté. Inconnu quelques mois auparavant, il prit

place tout-à-coup parmi les illustrations de l'époque, et
sembla même vouloir les effacer. Il avait en sa faveur
la jeunesse, et cette première bienveillance qui ac-
cueille les gloires nouvelles, par cela seule qu'elles ne
font point encore ombrage, et que la jalousie peut s'en
emparer comme d'une arme contre les gloires ancien-
nes. Il obtint ce succès si commun en France, qui
conduit un homme à la célébrité sans qu'il ait d'autre
peine que de s'y laisser porter, et dont le nom même
exprime cette espèce d'entraînement facile et doux
d'une destinée favorisée qui navigue à pleins voiles,
ainsi qu'un navire sur les flots : Edmond Marzoi eut
la vogue. Victorine ne le connaissait pas, mais elle
entendait son nom et ses talents vantés partout ; or il
est rare que l'objet tant loué ne nous devienne pas
d'avance agréable ou répulsif. Fatiguée de ce concert
d'éloges, la jeune femme s'en impatienta ; elle se ré-
volta contre une admiration que le consentement una-
nime semblait lui imposer, et M. Marzoi lui devint
insupportable, uniquement parce que son apologie
était le lieu commun à la mode. Elle se déclara ainsi,
d'abord par caprice, l'ennemie du jeune médecin, puis
la discussion l'affermit dans sa malvéillance, et le lui
fit prendre en haine.

Comme la plupart des femmes mondaines dont le cœur a conservé quelque chose d'élevé, Victorine était bienfaisante. Elle aimait à satisfaire, dans les courts dévouements de la charité, les inclinations naturelles à son âme, et à retrouver ainsi, par instants, au milieu de sa vie factice et déchue, des réminiscences de vertu. Aussi ses matinées étaient-elles souvent employées à visiter de pauvres mansardes et à porter des consolations à des malades indigents. Ce fut près du lit d'un de ces derniers qu'elle rencontra pour la première fois M. Marzoi. Sans l'avoir jamais vu, elle s'était fait d'avance son portrait. Un homme dont on parlait tant ne pouvait être que vain, froid et dédaigneux. Elle n'eut donc garde de deviner l'illustre professeur dans le jeune homme modeste qu'elle avait sous les yeux, et quand celui-ci se fit connaître, elle crut d'abord qu'une ressemblance de nom l'abusait; mais lorsqu'elle eut acquit la certitude que le jeune médecin, pris par elle pour un débutant obscur, était bien M. Marzoi, son étonnement fit place au regret et à la confusion. Elle se reprocha ses jugements téméraires, sa malveillance irréfléchie, et, par une réaction facile à comprendre, ses préventions défavorables se transformèrent à l'instant en une vive sympathie. Elle se crut obligée d'expier l'injustice de son hostilité passée par l'excès de son enthousiasme présent et elle intéressa son équité à sa nouvelle admiration.

La rencontre fortuite qu'elle avait faite de M. Marzoi près du lit d'un malheureux, devint ainsi la cause d'une liaison qui prit bientôt tous les caractères d'une passion violente. Le jeune médecin la partagea, mais seulement après l'avoir inspirée. Son amour naquit par la contagion de l'amour de Victorine ; il ne le créa point, il s'y laissa aller. Aussi cet attachement fut-il, de sa part, sans aveuglement. Il n'y trouva ni troubles, ni déchirements, ni palpitations, ni aucune de ces tortures alléchantes que les cœurs bien épris aiment presqu'autant que leurs joies. Il ne restait point chez lui assez de place pour tant d'amour. Depuis longtemps son cœur s'était fondu dans son intelligence. Sa maîtresse première et adorée, c'était la science ! il l'embrassait avec délire, avec jalousie ; il lui avait donné toutes ses exaltations, toutes ses fièvres, toutes ses avidités. L'amour pour une femme ne pouvait être auprès de cet amour que l'affection d'un frère comparée à une affection d'amant.

Victorine, au contraire, aborda ce nouveau sentiment avec emportement. Les liaisons passagères qu'elle avait formée jusqu'alors avaient laissé son âme désintéressée. C'était la première fois qu'elle était touchée, et qu'elle se sentait prise à un lien qui eût un point d'attache au dedans. Ce n'était plus en effet un de ces amours fugitifs de la jeunesse, fleurs parfumées que pousse alors le cœur trop plein de sève, et qui s'épanouissent, tombent et renaissent tour à tour. Victorine touchait à l'âge où les floraisons de l'âme sont achevées, et où le fruit déjà formé mûrit à la flamme des passions. Sa marche irrégulière et folle à travers la vie l'avait préparée à un attachement sérieux, bien mieux que n'aurait pu le faire une existence paisible. Elle arrivait brulée par le soleil, couverte de poussière et fatiguée, devant un oasis plein d'ombre, de gazouillement, de verdure, et cette vue devait réveiller chez elle, plus que chez aucune autre, d'irrésistibles désirs. Elle subissait une crise semblable à celle qui l'avait faite femme par les sens ; elle se faisait femme par le cœur, et c'était la puberté de l'âme qui venait de se déclarer chez elle.

Son amour eut donc toute la frénésie d'une première passion, avec la ténacité invincible d'un dernier attachement. Les imparfaites voluptés qu'elle avait connues jusqu'alors n'avaient fait qu'éveiller ses curiosi tés, aiguillonner ses ardeurs. Mais, quand elle eût senti les enivrements de la possession complète, elle se laissa emporter avec une fureur insensée à ces bonheurs ignorés; et, comme Cortès brûlant ses vaisseaux en mettant le pied sur la terre d'or, elle brûla le reste de sa vie, se condamnant à mourir sur le rivage nouveau qu'elle venait de découvrir.

Il était difficile qu'une passion poussée si loin s'accommodat du demi-amour qui lui était offert en retour. Victorine se montra chaque jour plus exigente, plus impérieuse, plus jalouse, et Edmond Marzoi en fut bientôt fatigué. Toutes ces agitations dérangeaient ses études et troublaient le calme nécessaire à son esprit. Les querelles se multiplièrent et amenèrent des brouilleries qui refroidirent de plus en plus le jeune médecin; par suite, ses visites devinrent plus rares et finirent par cesser entièrement. Les choses en étaient à ce point au moment où nous avons pris notre récit. Depuis quelque temps, Victorine semblait abandonnée, et les lettres qu'elle avait écrites étaient restées sans réponse. La veille seulement, ennuyé sans doute de ces messages, M. Marzoi avait dit au portier qu'il verrait madame Marcel dans la journée; mais la journée était presque achevée, et il n'avait point paru.

Nous avons laissé, à la fin du premier chapitre, Henri Richomme dans le salon de madame Marcel, les yeux fixés sur une lettre oubliée par celle-ci dans sa fuite. Il y avait déjà longtemps qu'il était plongé dans sa méditation mélancolique, lorsque la porte s'ouvrit brusquement. Il tourna la tête..

— M. Marzoi! dit-il en se levant.

Il eût été difficile de savoir s'il y avait, dans la manière dont ce nom avait été prononcé, de la douleur ou de la joie, du désappointement ou de la reconnaissance. Le médecin, du reste, ne parut pas avoir remarqué l'anxiété confuse avec laquelle il avait été nommé. Il s'avança vers le bossu, le salua familièrement et s'assit à ses côtés. Tous deux restèrent un instant sans parler, éprouvant l'embarras de deux personnes qui n'ont qu'un sujet commun d'entretien et qui ne veulent pas l'aborder.

Marzoi se remit le premier et parut se décider.

— J'espérais trouver ici votre cousine, dit-il.

Henri baissa les yeux, comme si ces mots eussent touché à quelque pensée gênante; il répondit pourtant d'une voix assez basse :

— Je la crois sortie.

Il y eut une pause.

— Elle m'avait écrit qu'elle était indisposée, reprit le docteur avec une sorte de mécontentement; je vois que je m'étais alarmé à tort.

Henri respira plus difficilement et resta les yeux baissés.

— Ma cousine ne vous en a point imposé, dit-il rapidement; elle souffre beaucoup et elle a besoin de vous voir.

Il s'arrêta un moment, parut faire un effort, et ajouta :

— Vous êtes trop dur avec elle, Monsieur; vous la tuerez.

M. Marzoi se recula, surpris d'un reproche aussi direct, et qui se rapportait aussi clairement à sa liaison avec madame Marcel. Il n'avait jamais pensé que cette liaison fût un mystère pour le bossu, mais jusqu'alors celui-ci avait affecté à cet égard l'ignorance qu'un fils respectueux aurait pu feindre pour les fautes d'une mère. Edmond fut donc entièrement pris au dépourvu, et ce fut avec un manque évident d'à-propos et de sang-froid qu'il répondit :

— Je ne croyais pas exercer tant d'influence sur la santé de madame Marcel.

Henri releva la tête brusquement. Le mensonge contenu dans la réponse gauchement évasive du médecin, sembla lui remuer le cœur. Un éclair partit de ses yeux, ses lèvres s'entr'ouvrirent...; mais il comprima presque aussitôt ce mouvement, et dit d'un ton contenu :

— Vous savez pourquoi elle souffre ; vous seul pouvez la guérir.

— Ma science est au service de madame Marcel, répondit Marzoi, toujours désireux d'éluder le véritable sens des paroles de Henri.

Mais, comme tous les gens timides, celui-ci s'était enhardi une fois le premier mot prononcé. L'espèce d'affectation avec laquelle le médecin évitait une explication l'animait d'ailleurs en l'irritant. Il s'approcha d'Edmond et posant sur son bras avec une sorte d'autorité sa main frêle et pâle :

— M. Marzoi, dit-il, je vous parle sérieusement ; entendons-nous, je vous en prie. J'aurais voulu me taire sur ce sujet, mais un plus long silence m'est impossible : Ma cousine ne peut supporter votre abandon. Vous l'avez habituée à votre présence, à votre voix, à votre amour ; si vous lui retirez tout cela, ce sera comme si vous lui ôtiez l'air et le soleil. On n'est pas maître d'oublier, Monsieur, croyez-moi ; c'est une maladie dont il faut avoir pitié. Vous ne délaisseriez pas un mourant, parce qu'il vous aurait querellé dans le délire ; ne soyez pas plus sévère avec Victorine. Je vous parle avec calme, monsieur ; je ne veux ni vous déplaire, ni vous irriter : je veux seulement que vous ne punissiez pas madame Marcelle de vous trop aimer.

Marzoi fit un geste peiné et, étendant la main vers le bossu :

— Ecoutez-moi, répondit-il ; je ne suis ni un séducteur, ni un fat ; ce qui s'est passé sera pour moi un chagrin éternel. Si je me suis éloigné d'ici, c'est qu'on m'y a forcé ; je suis parti, parce que je ne pouvais rien pour le bonheur de Victorine et parce que chacune de nos entrevues était une occasion de brouillerie et de désespoir. J'ai agi pour cette liaison comme je l'aurais fait pour un mariage régulier ; madame Marcel m'a forcé au divorce par ses tyraniques prétentions.

— Elle vous aimait tant !

— Ah ! monsieur, vous ne savez pas ce que l'on souffre à être tant aimé. Je n'accuse pas Victorine, je sais qu'elle a souffert autant que moi ; mais nous ne pouvons nous entendre ; elle me l'a dit mille fois ; pourquoi vouloir, dès-lors, prolonger une liaison qui la rendra malheureuse elle-même ?

— C'est qu'elle aime pour aimer, et non pour être heureuse, répondit Henri en secouant la tête ; croyez-vous, monsieur, que le cœur fasse ses affaires avec la régularité d'un marchand, et ne donne l'amour qu'en échange du bonheur ?

— A quoi sert d'aimer, alors ?

— A quoi sert de vivre ?

— J'entends la vie moins poétiquement sans doute ; mais quand j'ai aimé, c'était dans l'espoir d'être heureux.

— C'est-à-dire que vous placiez un sentiment à intérêt, et que votre cœur faisait l'usure.

— Soit, monsieur. Toujours est-il que j'avais conçu une espérance, et qu'elle a été déçue. J'aurais pu m'en consoler, peut-être, si j'avais vu que je souffrais seul, mais il n'en a point été ainsi ; je me suis aperçu alors que nous nous étions trompés tous les deux.

— Ah ! c'était trop tard, monsieur, trop tard, s'écria Henri ; avez-vous donc cru qu'on pouvait ainsi essayer l'amour. Vous avez attiré un cœur sur le vôtre, et maintenant, parce qu'il bat trop fort, vous voulez le repousser !

— Je n'ai point cherché cet attachement, dit vivement Marzoi ; il est venu à moi sans que je le désirasse, et je l'ai accepté avec plus de regret que d'empressement. Il dérangeait les affections de toute ma vie, il troublait le calme de mes études ; il est entré dans mon sanctuaire comme un profane, et, je n'ai point eu le courage de l'en chasser, parce qu'il pleurait. Depuis deux ans, j'éprouve les remords de cette faiblesse, je puis vous paraître ridicule en cela, monsieur ; mais je crois avoir une autre mission à remplir que d'essuyer les pleurs d'une femme. Depuis deux ans, je dépense mes jours au milieu de débats puérils, vivant pour moi seul et inutile à tous. Cette vie est mauvaise et coupable. L'homme n'a pas été créé pour lui-même, il a été créé pour l'humanité. Cet amour égoïste dans lequel je me suis isolé, n'est autre chose qu'un suicide hypocrite, au moyen duquel nous désertons les rangs des travailleurs. Je ne puis continuer dans cette voie, j'ai des engagements pris avec la science, et je veux les remplir.

Il se leva à ces mots, comme si les pensées qu'il venait d'exprimer l'eussent animé et il se mit à parcourir le salon à grands pas. Henri avait écouté avec une impatience mal déguisée, et il était aisé de voir que ce qu'avait dit M. Marzoi, heurtait toutes ses sympathies. Ces deux hommes venaient de se placer, par hasard, sur un terrain où ils devaient être ennemis. C'était l'intelligence et le cœur face à face et se déclarant la guerre.

Ce fut donc avec une amertume irritée que Henri lui répondit :

— Je comprends que l'on consume avec bonheur sa vie pour arriver, par la route de la science, à l'un de ces buts éclatants que le génie atteint une fois par siècle : *la certitude d'un doute !* Les poésies du cœur, les enivrements de l'amour et les larmes d'une femme qui prie, sont en effet bien peu de chose en comparaison !

— Ce n'est point à un doute que je marche, s'écria Marzoi en s'arrêtant au milieu du salon ; c'est à une solution définitive et complète. Voyez-vous, ajouta-t-il en posant un doigt sur son front, j'ai là une idée, une idée qui peut me conduire à deviner comment on vit !

Il s'agit de savoir seulement si l'homme n'est pas un composé de piles voltaïques et si la vie n'est pas tout simplement un mélange d'électricités différentes.

— Cela pourra-t-il vous servir à faire revivre ceux que votre abandon aura tués? demanda Henri amèrement.

Le docteur fit un geste d'impatience.

— Nous ne nous entendons pas, murmura-t-il, en saisissant son chapeau pour sortir.

Ce mouvement sembla rappeler au bossu l'objet de ses explications. Il s'avança vivement vers Marzoi et lui dit:

— Pardon, vous reviendrez, n'est-ce pas?

Mais le docteur était piqué.

— Je ne sais, j'ai beaucoup d'occupations.

— Ah! Monsieur, s'écria Henri avec tristesse, je ne puis croire que vous teniez plus à deviner pourquoi l'on vit qu'à empêcher quelqu'un de mourir!

Marzoi haussa les épaules.

— Madame Marcel a de l'expérience, dit-il, et ne mourra pas pour si peu.

Ce mot cruel était à peine prononcé qu'il le regretta, mais il était trop tard.

Henri fit un pas en arrière en fermant les poings et

ses lèvres frémirent; mais avant qu'il eût prononcé une seule parole, la porte du salon s'ouvrit d'un seul coup et Victorine parut, debout sur le seuil de sa chambre. Elle était pâle comme un morte, et son bras droit était étendu devant elle comme si elle eût voulu chercher un appui. Elle s'avança en chancelant dans le salon, s'arrêta devant les deux jeunes gens, et semblant faire un effort surhumain, elle dit d'une voix creuse :

— Henri....

Le bossu la regarda et parut comprendre, car il baissa la tête avec résignation, la salua et sortit à pas lents.

Marzoi était resté stupéfait à la même place. Victorine alla jusqu'au canapé dont elle chercha le dossier à tâtons et où elle s'assit comme un fantôme.

— J'ai tout entendu, murmura-t-elle.

Marzoi hésita un instant

— Un moment de dépit m'a emporté, dit-il enfin d'une voix basse et altérée; je me repens vivement d'une parole imprudente qui ne rendait pas ma pensée.

Victorine, toujours glacée et pâle, fit un geste de la main comme pour lui imposer silence.

— J'ai tout entendu, répéta-t-elle; je vous remercie, maintenant je sais ce que je dois espérer.

18*

Elle baissa son visage dans ses mains et resta un moment ainsi ; puis, relevant la tête, elle continua du même ton lent et morne, comme si elle se fût parlé à elle même :

— Pourquoi me plaindrais-je ? cela ne doit-il pas être ainsi ? on se fait aimer d'une femme en se montrant grand, bon, noble à ses yeux ; on l'adore comme une divinité, on l'enivre, on la rend folle ; puis, quand le dégoût vient, on cherche dans sa vie s'il n'y a pas quelque souillure que les larmes n'auront pu effacer et quand on l'a trouvée, on s'en empare comme d'un trésor, on le lui reproche avec un joyeux orgueuil, et on s'éloigne dédaigneusement en lui jetant au visage la boue du passé.

Elle se tut un instant, puis reprit avec plus de vivacité :

— Peut-être, pourtant, cette femme s'est bien repentie, a bien pleuré ! Mais qu'importe ! ceux qui n'aiment plus ne croient ni aux pleurs ni aux repentirs. D'ailleurs on est si fort contre celle qui a failli ! On la tient par sa faute comme un esclave par sa chaîne, et si elle pleure trop haut, si elle se plaint, on lui enfonce froidement un souvenir dans le cœur, et alors il faut bien qu'elle baisse les yeux et qu'elle se taise ! Oh !

je comprends, je comprends, cela doit être ainsi.

Madame Marcel se cacha encore le visage; tout son corps tremblait. Marzoi s'approcha d'elle et lui dit d'une voix très-émue :

— De grâce! pardonnez-moi, Victorine; j'ai eu tort. Vous me voyez navré du mal que je vous ai fait.

— Allons donc! Monsieur, est-ce qu'une femme comme moi mérite de la pitié? est-ce qu'une femme comme moi peut souffrir?

— Victorine!...

— C'est ma faute, d'ailleurs; pourquoi vous ai-je aimé? Vous ne me le demandiez pas; vous m'avez prise pour maîtresse par compassion, *parce que je pleurais;* vous venez de le dire. Vos joies, vos protestations, vos caresses, tout ce qui m'a rendue heureuse, ce n'étaient que des aumônes!... Et j'oserais me plaindre, moi, quand vous avez eu la générosité de me tromper ainsi deux ans! oh! je serais bien ingrate!...

— Victorine, sur mon honneur, je vous ai aimée, véritablement aimée...

— Mensonge!

— Je vous ai aimée, mais nos deux natures se repoussaient, vous avez pu le voir vous-même; nous

espérions être heureux ; l'expérience nous a cruelle-
ment désabusés.

— Une expérience, s'écria madame Marcel, en frappant ses mains l'une contre l'autre avec démence ;
ah ! c'est bien cela, Monsieur ! vous avez voulu faire
une expérience sur un cœur ! vous y avez enfoncé
l'amour comme un scalpel dans un membre malade ;
et après l'avoir retourné dans la plaie, vous l'en retirez tranquillement, en disant : Je me suis trompé !
sans vous inquiéter si la vie ne va pas sortir par la
blessure que vous avez faite.

— Par grâce !...

— Mais non, folle que je suis, vous ne craignez
point cela ; vous me connaissez trop bien ; *une femme
comme moi a de l'expérience et ne meurt pas pour si
peu.*

— Au nom du ciel ! s'écria Marzoi avec un geste
de désespoir ; assez, Victorine, assez !

Mais elle n'entendait plus ; l'œil hagard, elle continua avec un sourire livide :

— Voyez pourtant, les hasards sont heureux ! Il y
a des gens qui vous aiment trop pour vous dire en face
ce qu'ils pensent de vous ; ils gardent ces confidences
pour les autres, quand ils vous croient loin ; alors il

suffît que vous surveniez, que le désir vous prenne d'écouter la voix aimée, et une porte entr'ouverte vous fait mieux connaître une âme en quelques minutes que deux années d'intimité et d'amour.

Puis, comme si elle eût cédé à un transport d'indignation, elle se leva en s'écriant :

— Ah ! c'est bien lâche ! insulter une femme parce qu'elle est perdue, une femme qui n'est point là, une femme qui vous aime ; quand elle est seule, qu'elle ne peut se venger ; la tuer à terre ! ah ! c'est lâche ! c'est lâche ! c'est lâche !

— Madame ! s'écria Marzoï, nous ne nous reverrons jamais. Adieu !

Victorine tressaillit et resta immobile. Ces mots et le mouvement du médecin semblèrent abattre subitement sa colère.

— Edmond ! cria-t-elle au moment où celui-ci ouvrait la porte du salon.

L'accent avec lequel ce mot avait été prononcé, fut tel que Marzoï s'arrêta.

— Que voulez-vous ? demanda-t-il sans se détourner.

— Edmond ! répéta la même voix et cette fois, le médecin ne put s'empêcher de lever les yeux ; Victorine était devant lui, droite, les bras étendus, effrayante de douleur.

— Que me voulez-vous? demanda-t-il plus bas en détournant la tête.

La jeune femme porta ses deux mains à son front, puis à son cœur; elle regarda autour d'elle avec égarement.

— Mon Dieu! qu'ai-je donc dit? s'écria-t-elle, mais je suis folle! je suis folle!

Elle se laissa tomber à genoux en sanglottant.

— Edmond, je n'ai rien dit, je n'ai rien voulu dire; reste, oh! mon Dieu! ne t'en va pas! Edmond, tu vois bien que je suis une pauvre insensée, tu vois bien que je me repens, que je pleure, que je te demande pardon, pardon! pardon!

Elle embrassait les genoux de son amant.

— Oh! je t'en conjure, parle-moi, regarde-moi; je te dis que je suis folle; on a pitié d'une folle. Dis-moi que tu ne t'en iras pas. Ecoute, je ferai tout ce que tu exigeras, je ne me plaindrai plus, je ne me mettrai plus en colère, je serai gaie. Mon Dieu! mon Dieu! il détourne la tête encore! Edmond, mais que veux-tu? dis-moi! j'obéirai à tout; je ne mérite pas ton amour, c'est vrai; mais je t'aime tant, j'ai tant besoin de toi; si tu ne peux pas m'aimer, eh bien ! ne m'aime pas, mais garde-moi comme une malheureuse que tu viendras voir à tes moments perdus. Tout, tout ce que tu voudras, pourvu que je te garde. Oh ! mais réponds-moi donc ! es-tu encore irrité ? maudis-moi alors, frappe-moi, écrase-moi sous tes pieds, mais parle-moi, dis mon nom, Edmond ! mon Emond ! ah ! tu pleures, tu me pardonnes, et tu reviendras, n'est-ce pas que tu reviendras ?

— Je reviendrai, dit Marzoi, en laissant tomber ses bras sur les épaules de Victorine avec un accablement triste et attendri.

Elle saisit ses deux mains et les couvrit de baisers.

— Tu es un ange ! dit-elle.

Marzoi passa le reste du jour avec madame Marcel ; mais, malgré les élans de tendresse de celle-ci, il ne put retrouver près d'elle ses transports d'autrefois. Hélas ! le fiel de la colère et de la jalousie était tombé dans cet amour, et en avait à jamais empoisonné la douceur. C'était désormais une de ces affections dévastées, stériles pour toute volupté et où ne peuvent plus éclore que la défiance et le regret.

IV.

La réconciliation de Victorine et de Marzoi fut de
peu de durée. Sans en venir à une rupture ouverte,
Marzoi recommença à négliger madame Marcel, et
s'occupa presque exclusivement de ses études commencées. Nous l'avons déjà dit, c'était un de ces
esprits lumineux, hardis, aventureux, qui ne peuvent
jamais jeter l'ancre dans le domaine du connu, et qui,
les yeux sur les étoiles, naviguent sans cesse vers
une nouvelle Amérique intellectuelle ; véritables poètes
qui marchent l'œil inspiré et l'entousiasme au cœur, au
milieu de la mystérieuse nature, interrogeant les lois
éternelles, écoutant les voix cachées, et cherchant à
noter quelques traits de l'harmonie universelle.

En se livrant à des recherches sur le fluide nerveux,
Marzoi avait découvert que l'emploi d'agents électriques
produisait sur un organe malade une action aussi

étendue que la maladie elle-même, et, il en avait con-
clu que celle-ci pourrait bien n'être, en définitive,
qu'un dérangement dans l'équilibre des électricités
humaines. Il avait trouvé dans ses expériences que
deux liquides différents, placés dans un même tube,
formaient une pile, un élément galvanique, et pouvaient réagir l'un sur l'autre pour se décomposer,
lorsqu'ils sont unis par un corps conducteur. Cette
découverte lui avait fait penser que du sang artériel
et du sang veineux en contact, pouvaient réagir également l'un sur l'autre, et qu'il en pouvait résulter des
sécrétions, des productions de chaleur, enfin tous les
phénomènes ordinaires de la vie. Il cherchait maintenant à éclaircir ses idées, à les compléter, et quoique
rien de définitif ne lui eût encore apparu, il lui semblait cependant entrevoir vaguement dans ces phénomènes quelque grande loi de l'existence universelle
que l'on devait découvrir un jour et vers laquelle pous-
sait tous les progrès scientifiques de l'époque. Aussi la
préoccupation de cette recherche l'absorba-t-elle bientôt entièrement et le détourna-t-elle de toute autre
pensée. Il en vint à perdre l'attention pour tout ce qui
ne se rapportait pas directement à ses observations.
Chaque fait passait au creuset de son idée fixe, et

insensiblement sa vaste intelligence se rapetissa ainsi
au rôle d'une éprouvette dans laquelle tout venait se
soumettre à une expérience inévitable. Pour con-
centrer ses forces autour d'une idée, Marzoï retira la vie
du reste de son âme et y laissa tout tomber en ruines.
Son horizon borné ne lui montra plus ce qu'il voyait
autrefois. Il cessa d'abord de s'intéresser à ce qui ne
rentrait pas dans ses études, puis bientôt il cessa de
le comprendre. Enfin il déserta insensiblement ses
souvenirs et devint chaque jour moins intelligent de
ce monde du cœur, dont il n'avait jamais, du reste,
connu que les abords.

Par suite d'un phénomène moral, bizarre, mais
souvent observé, l'amour de madame Marcel paraissait croître à mesure que celui du médecin s'éteignait.
Plus la préoccupation de ce dernier devenait distraite
et indifférente, plus la passion de sa maîtresse se
montrait ardente dans ses poursuites, importune à
demander du retour. Victorine s'acharnait à une tâche
impossible, comme si elle y eût été forcée par quelque
loi fatale, et, semblable aux Danaïdes, elle ne cessait
de verser ses larmes, ses prières, son amour dans ce
cœur sans fond où rien ne restait.

Du reste, si elle ne s'aveuglait pas sur la froideur

de son amant, elle en méconnaissait complétement la véritable cause. La science ne lui avait jamais semblé que le prétexte de l'abandon dont elle souffrait, et elle n'en avait toujours cherché le motif réel que dans un nouvel amour d'Edmond. Rien n'avait pu la dissuader à cet égard. Il est des entraînements tellement étrangers à certaines natures que l'évidence même ne peut les convaincre de leur réalité et qu'elles refusent d'y croire par la seule raison qu'elles ne peuvent les éprouver. Madame Marcel, livrée à toutes les tortures d'une vague jalousie, s'épuisa donc en perquisitions infructueuses pour en découvrir l'objet. Sa passion lui apprit la patience, elle essuya ses yeux, tranquillisa son âme pour mieux voir, et se mit à épier son malheur avec une tenacité minutieuse, prévoyante et sagace. Rien ne lui coûta pour parvenir à son but. Après avoir tout essayé, elle eut recours à l'espionnage, elle se fit rendre compte jour par jour, des démarches de Marzoi. Ce moyen parut enfin lui réussir. Un soir qu'elle se trouvait seule, assise sur sa causeuse, feuilletant avec distraction un roman nouveau, la vieille nourrice, qui était la confidente de ses peines, entra doucement avec un air joyeux et empressé.

— Madame, dit-elle à voix basse, je sais du nouveau.

Victorine se détourna vivement.

— Qu'est-ce, Catherine, qu'as-tu appris? demanda-t-elle.

— Je sais où il passe ses soirées.

— Où donc?

— Rue de Sorbonne, dans une maison à cinq étages, près la rue des Mathurins.

— Et qu'y va-t-il faire?

— Ah voilà! j'ai pris des informations; il paraît qu'il soigne une vieille dame qui loge au quatrième et qui est malade depuis longtemps.

— Et que me fait cela, nourrice? ce n'est pas la liste de ses malades que je veux avoir.

— Attendez, attendez donc un peu, maîtresse; on dit aussi que la vieille dame à une nièce qui est lingère.

Victorine tressaillit et se redressa.

— Une nièce, dit-elle vivement, jeune?

— Toute jeune.

— Et jolie?

— Un beau brin de fille, à ce que dit la fruitière.

— Et y va-t-il tous les soirs?

— Tous les soirs, à pied; son cabriolet vient le prendre plus tard chez ses connaissances, là où il va finir la soirée.

Ce rapport leva tous les doutes de Victorine ; l'infidélité d'Edmond lui parut prouvée ; tout s'expliquait clairement pour elle. La vieille femme que Marzoi allait soigner n'était évidemment qu'un prétexte ; sans cela, pourquoi ce mystère dont il s'entourait ? Pourquoi cette précaution de n'aller qu'à pied, le soir, clandestinement ? Puis une visite de médecin ne dure pas deux heures ; il était clair que Marzoi venait pour la jeune ouvrière, c'était pour elle que Victorine avait été délaissée.

Une fois cette idée adoptée, madame Marcel l'embrassa avec une sorte de joie furieuse. Jusqu'alors elle n'avait pu s'en prendre à personne de ses souffrances, il lui avait fallu s'irriter à vide, et son désespoir avait insensiblement dégénéré en un abattement sans résignation ; mais ce qu'elle venait de découvrir la ranima en donnant un objet à sa colère. Ses vagues soupçons prenaient enfin une forme et un nom ; elle pouvait enfin consoler sa douleur par une haine ; elle avait une ennemie !

Sa décision fut prise à l'instant, avec cette audace spontanée et sans délibération qu'inspirent les grandes circonstances ; elle résolut de connaître la jeune fille de la rue de Sorbonne, et de voir par ses yeux ce qu'elle avait à craindre d'une pareille rivale. Sans attendre au lendemain et quoiqu'il fût déjà tard, elle sortit seule de l'hôtel, et s'achemina, cachée sous son voile, vers la maison indiquée. Les femmes qui n'ont jamais parcouru le soir, à pied, certaines rues de Paris, ne connaissent que le moins curieux des deux mondes qui composent la grande ville. Aussitôt que l'ombre a couvert la cité et que le brouillard malsain qui l'enveloppe chaque nuit, s'est abattu sur ses rues fétides, on y voit paraître une population étrange et sans nom que l'on n'a vu nulle part ailleurs. Ce sont des hommes à figure terreuse, aux vêtements déformés, qui semblent marcher sans but et qui s'arrètent sans cause ; des femmes échevelées qui se promènent dans le ruisseau en souliers de satin ; des vieilles hideuses qui vous appellent tout bas et des enfants hâves qui vous murmurent à l'oreille des mots horribles qui n'appartiennent à aucune langue. Tout cela vient je ne sais d'où ; on les voit sortir de terre, s'élever derrière les bornes des carrefours, poindre de chaque entrée ténébreuse : on dirait ces larves sorties de terre après une pluie d'orage et dont la multitude immonde envahit nos jardins. Cela marche, s'agite et grouille dans la fange au milieu d'une atmosphère infecte d'hydrogène, et l'on entend monter de cet amas sordide et vivant je ne sais quel rauque grognement de joie. On sent qu'il s'en exhale comme une odeur de vice qui prend au cœur !

C'était la première fois que madame Marcel se hasardait de nuit et seule dans des rues mal hantées. Malgré ses préoccupations, elle fut singulièrement saisie lorsqu'elle se trouva isolée au milieu de cette foule inconnue. Deux ou trois fois, en voyant des figures équivoques s'approcher, elle doubla le pas avec effroi. Cependant, loin d'être abattue par les frissons de terreur, sa résolution s'en augmentait. Plus sa démarche lui paraissait hardie et nouvelle, plus elle convenait à son exaltation ; elle y tenait d'autant plus qu'elle lui coûtait davantage ; le danger l'animait tout en la remuant, et la fièvre nerveuse que lui donnait l'inquiétude accroissait la fièvre de son âme ; elle éprouvait quelque chose de ce que doit éprouver l'homme qui marche pour la première fois au milieu des balles ennemies, ému, troublé, mais l'œil sur son drapeau et résolu, s'il le faut, à bien mourir.

Ces tressaillements ne la détournèrent donc pas d'un seul pas. Elle finit par maîtriser sa peur, et quand elle arriva rue de Sorbonne, sa résolution s'était ac-

crue au point de lui rendre tout facile. Elle reconnut
la maison qui lui avait été désignée avec cette lucidité
rapide que donne l'exaltation extrême, monta au quatrième, sans réflexion et sans crainte, comme si elle
fût venue pour une visite ordinaire, et entra hardi-
ment.

Elle se trouva dans une chambre sans lumière ;
mais au fond une porte mal fermée permettait d'apercevoir une seconde pièce éclairée. Victorine se dirigea
à tâtons de ce côté, frappa, et ne recevant pas de réponse, elle poussa la porte en s'arrêtant sur le seuil.
Cette seconde chambre était vide comme la première.
Une chandelle, plantée dans une bouteille et posée sur
une chaise dépaillée, permettait seulement d'en apercevoir la malpropreté et le désordre. Dans un coin, on
voyait jetés pêle-mêle divers ustensiles de cuisine ; un
pain était déposé sur la cheminée entre des chandelles
et des brosses à cirage, tandis que le lit, sans rideaux,
encore couvert d'assiettes ébréchées et de verres
crasseux semblait avoir servi de table à manger.

Au fond, sur une vieille commode à garnitures de
cuivre, Victorine remarqua une machine électrique,
des bouteilles de Leyde et plusieurs autres instruments
de physique dont elle ignorait l'usage.

Pendant qu'elle examinait avec surprise cet étrange *capharnaüm*, un grognement plaintif se fit entendre près d'elle. Elle se retourna, et un objet qu'elle n'avait pas remarqué jusqu'alors frappa ses regards.

Sur un vieux fauteuil de paille, caché par l'ombre que projetait le pied du lit, s'agitait je ne sais quoi de confus, que l'on pouvait prendre, au premier aspect, pour un amas de guenilles souillées. Mais en regardant avec plus d'attention, on distinguait comme une forme humaine, quelque chose d'animé impossible à définir. Du reste, l'incertitude de madame Marcel fût bientôt dissipée, car un second soupir se fit entendre; ce qu'il y avait sur le fauteuil se remua et l'on vit une tête sortir des haillons. Victorine fit un pas vers le lit.

— Madame Godard ? demanda-t-elle.

La masse informe poussa un gémissement rauque, puis la tête se retourna du côté de la jeune femme, qui aperçut un hideux visage d'idiote. Elle recula presque effrayée; la tête resta une minute dans la même position, fixant sur Victorine un regard hébété; puis, comme cédant à l'affaissement, elle se laissa retomber et disparut dans les guenilles dont elle était entourée.

Dans ce moment, un bruit de voix retentit sur l'escalier : Madame Marcel repassa vivement dans la première pièce ; mais à peine y avait-elle fait quelques pas que la porte extérieure s'ouvrit et deux hommes entrèrent. L'un d'eux était Marzoi.

Elle n'eut que le temps de se jeter de côté ; la chambre était si obscure qu'ils passèrent sans l'apercevoir.

Ils entrèrent dans la seconde pièce, et elle les entendit bientôt qui causaient à demi-voix. L'occasion était trop favorable pour ne point la saisir. Madame Marcel s'approcha avec précaution et prêta l'oreille : Marzoi continuait une explication commencée.

— La paralysie des membres a déjà disparu presque entièrement, disait-il ; celle du cerveau même s'est modifiée, et lorsque je soumets la malade à l'action de la machine ou des piles, l'intelligence se met en mouvement ; vous allez le voir vous-même tout-à-l'heure.

Victorine entendit disposer la machine et pendant quelque temps les deux médecins gardèrent le silence, uniquement occupés des préparatifs.

— Concevez-vous, dit tout-à-coup Marzoi, où j'arrive si je réussis à rendre l'intelligence et le mouvement à cette femme ! J'ai trouvé le réservoir de la vie universelle, j'ai conquis le cerveau et j'y fais germer la pensée. Après cela, que Dieu me donne un peu de matière humaine, et je fais un homme aussi bien que lui.

— Ceci serait merveilleux, répondit l'étranger.

Marzoi se promenait à grands pas, livré à un enthousiasme qui s'accroissait insensiblement.

— Et cet immense problème, dit-il tout à-coup, en s'arrêtant devant l'idiote, il est là, dans cette masse de chair, qui à ce moment s'ignore elle-même. Si vous saviez combien cette femme m'est chère ! plus chère que tout au monde !... Cette femme, songez-donc ! c'est tout ! c'est la gloire ! c'est la science ! avec elle, je puis devenir le plus grand homme des temps modernes. C'est ma Galatée ! La nuit je rêve d'elle ; nouveau Pygmalion, je la vois sortir de son enveloppe de pierre, je la sens qui vit, qui marche et qui me parle.

— Je comprends cela, dit le jeune médecin en souriant ; vous en avez fait votre maîtresse, comme Agrippa de la cornue dans laquelle il cherchait le grand œuvre. Ce qui vous plaît chez elle, ce n'est point elle, c'est votre idée que vous avez attaché à son sort, de sorte que penser, pour vous c'est aimer. Jamais une femme belle et bien portante n'aurait pu vous attacher si vivement.

Marzoi haussa les épaules.

— Une femme belle et bien portante n'apprend rien, dit-il.

Cette réponse effrayante avait été faite avec un sérieux si calme que Victorine se sentit froid jusqu'au cœur ; elle venait de comprendre son amant tout entier.

— Mais commençons, reprit Marzoi qui avait achevé ses préparatifs ; vous allez juger vous-même des efforts.

Pendant quelque temps on n'entendit que le frottement de la roue de verre contre les coussins et le cliquetis des tiges de cuivre ; mais tout-à-coup l'idiote poussa un léger soupir.

— Ecoutez ! s'écria Marzoi avec une expression joyeuse ; l'électricité se dégage. Bientôt les plaintes de la malade se multiplièrent, et ses membres commencèrent à s'agiter.

— Appliquons maintenant les piles, dit Marzoi, la machine ne fournit point assez.

Les piles furent chargées et les gémissements de la malade se firent entendre de nouveau, mais plus aigus, plus intelligents. L'idiote murmura quelques mots, et ses gestes devinrent pleins de justesse et d'expression : le docteur était dans l'ivresse.

Victorine avait suivi toute cette scène, d'abord avec un étonnement curieux, puis avec une sorte d'horreur. Les deux hommes, entourés de leur mystérieuse machine, torturant une idiote, et cherchant à faire une femme d'un automate, lui produisaient l'effet des enchanteurs du moyen-âge ; il lui semblait qu'il y avait quelque chose d'impie et de profanateur dans cette lutte de la science contre Dieu. Cependant les douleurs de la malade parurent devenir intolérables, et Marzoï fut obligé de suspendre ses opérations. Il fit à l'idiote quelques questions auxquelles elle répondit ; mais elle parut retomber bientôt dans son accablement, et murmura quelques mots sur le ton chantant d'un enfant qui se berce et s'endort ; puis Victorine entendit le bruit d'une respiration égale et paisible.

— Maintenant elle dort, dit Marzoï ; c'est l'issue ordinaire des crises que détermine chez elle l'absorption de l'électricité.

Ils continuèrent quelque temps à voix basse une discussion médicale que Victorine ne put suivre, puis s'approchèrent de nouveau de la malade.

— Cette femme n'est point seule ici, sans doute, demanda l'étranger : quelqu'un lui donne des soins ?

— Elle demeure avec une nièce qui ne l'a point mise à l'hôpital, parce que la vieille a une petite rente dont elle profite. C'est une lingère qui travaille le plus souvent au-dehors, et vous pouvez voir, au désordre de cette chambre, qu'elle s'inquiète peu de sa tante. Du reste, cet abandon me plaît ; je puis mieux juger des effets de mon traitement.

Tout en causant, les deux médecins étaient entrés dans la seconde chambre : Victorine se rangea dans l'ombre, ils sortirent sans l'apercevoir.

Après avoir entendu le bruit de leurs pas se perdre dans l'escalier, elle resta encore longtemps appuyée contre le mur, immobile et abîmée dans ses rêveries. Enfin, se redressant tout-à-coup, comme si elle eût pris une grande résolution.

— Moi aussi, il m'aimera, dit-elle.

Et étendant devant elle ses mains qui tremblaient convulsivement, elle trouva la porte et quitta l'appartement de l'idiote.

V.

Deux jours après sa visite rue de Sorbonne, madame Marcel était au lit, atteinte d'un mal qui l'avait frappée subitement et sans cause connue. Marzoi, appelé sur-le-champ, déclara que cette indisposition serait peu de chose; mais, contrairement à ses prévisions, elle s'aggrava de plus en plus et résista à tous les remèdes. Cette opiniatreté de la maladie réveilla l'attention du docteur; il commença à s'y intéresser. Ses soins devinrent plus attentifs, ses visites plus fréquentes, ses conversations plus longues. Vingt fois il crut avoir trouvé la marche à suivre pour combattre le mal; mais toujours, après quelques jours de succès, au moment où, plus tranquille, il devenait moins assidu,

celui-ci reparaissait avec une violence et une spontanéité inexplicables.

Marzoi fut piqué d'un étonnement curieux, il lui
sembla qu'un défi était jeté à sa science. Cette maladie paraissait en effet douée d'intelligence. Trompeuse
dans ses symptômes, parfois simple et en quelque
sorte naïve, parfois complète et mystérieuse, cédant
et résistant tour à tour, on eût dit une femme avec
ses fines et capricieuses coquetteries.

Après avoir épuisé les moyens habituels, sans avoir
pu rien obtenir, Marzoi eut recours à l'électricité. L'effet favorable fut quelque temps avant de se faire sentir, mais enfin il se déclara évident, durable et progres-
sif. Le triomphe l'énivra et lui fit presque retrouver
son amour pour Victorine. Il devint empressé, ques-
tionneur, inquiet et caressant. Chaque jour, il passait
plusieurs heures près du lit de madame Marcel, et
jamais celle-ci ne l'avait vu, aux moments les plus
beaux de sa passion, aussi attentif à tout ce qui pouvait lui plaire. Malgré ses dures expériences, elle se
laissa aller à cette trompeuse tendresse; elle s'encouragea elle-même à la crédulité. Semblable à ces malheureux qui se sont endormis sur leur faim, et qui, se
voyant en songe assis à un festin, s'efforcent de ne

point s'éveiller, elle se prêta à l'heureuse chimère qui l'abusait, elle se persuada qu'elle avait rencontré dans le cœur de Marzoi une corde qui vibrait encore et qu'elle pourrait retrouver près de lui ses ivresses d'autrefois. Elle ne voulut point s'arrêter à la pensée que ce qu'il aimait en elle, ce n'était point elle, mais sa maladie ; elle avait besoin de son illusion ; car la vérité, c'eût été la mort, et elle eût bien voulu ne point mourir encore ! Les fragiles espérances, qu'elle s'était créées à elle-même l'avaient réhabituée à vivre ; puis elle éprouvait cette avidité d'existence, ce besoin de respirer, de voir le ciel et d'aimer, qui s'empare de nous pendant les convalescences. Elle repoussa donc les soupçons, ferma les yeux et s'efforça d'être abusée le plus longtemps qu'elle le pourrait.

Henri Richomme lui servit d'auxiliaire dans cette tâche difficile. Il avait compris qu'elle ne vivait plus que de son erreur ; et avec ce dévouement sublime des cœurs simples, il avait abjuré sa propre raison pour adopter la folie de madame Marcel il s'était mis à croire comme elle à l'amour de Marzoi, et lorsque la foi de la malade faiblissait, c'était lui qui la ranimait en trouvant toujours des preuves ou des excuses.

Il ne s'était point du reste borné à ce rôle : établi

près du chevet de Victorine, depuis le commencement
de sa maladie, il s'était entièrement consacré à elle.
Ses soins avaient d'abord causé à madame Marcel plus
d'impatience que de plaisir ; ce visage pâle et consolateur qui se penchait sans cesse sur elle dérangeait son
désespoir ; elle eût voulu être délaissée et jouir de
cette gloire amère d'un malheur entier. Elle repoussa
donc les premiers empressements de Henri avec une
sorte de colère, mais le bossu ne se rebuta point, il ne
fut même pas triste ; il reçut les duretés de la malade
avec pitié et tendresse comme les signes d'une cui-
sante douleur. Tous les traits s'émoussèrent contre
son invulnérable bonté, il accepta tout de Victorine ;
comme les jeunes mères acceptent les coups de leurs
nouveaux-nés, avec des caresses et des sourires. Tant
de dévouement désarma madame Marcel. Elle s'accoutuma d'abord à souffrir le bossu près d'elle, puis, bientôt, à en avoir besoin.

Comme tous les êtres faibles et dont les premières
années ont été livrées à l'abandon, Henri avait contracté des habitudes de ménage ; il possédait cette
prévoyance de détail, cette adresse attentive, apanage
ordinaire des femmes et qui les rend si merveilleuse-
ment propres à adoucir les gênes de la maladie. Ses

soins furent donc matériellement utiles à Victorine.
Mais ce qui leur donna une valeur et une grâce inap-
préciables, ce fut l'intelligence avec laquelle il les pro-
gua. Un instinct de cœur conduisait le bossu, il devi-
nait le désir que sa cousine n'avait point achevé de
former, il prévenait le chagrin qu'elle n'avait point
encore soupçonné. Chaque objet semblait venir sous
sa main à l'appel intérieur de son souhait, comme si
elle avait eu à ses ordres un de ces génies familiers de
l'Écosse, qui se chargent de prévenir tous nos vœux.
Henri ne la quittait jamais qu'aux instants où le désir
lui venait d'être seule. Alors, lui aussi cherchait un
lieu caché où il put donner cours un moment à sa tristesse si péniblement déguisée : il vidait son cœur des
larmes qui s'y étaient amassées, et, vivifié par cette
crise, il revenait plus fort, plus patient et plus tendre,
heureux d'avoir eu à lui toute une heure pour pleurer.

Cependant l'assiduité de Marzoi décroissait avec la
maladie, et à mesure que la convalescence s'affermis-
sait, ses visites devinrent moins fréquentes. Bientôt il
ne fut plus possible à Victorine de se faire illusion. Un
jour qu'elle avait rêvé longtemps et douloureusement
à ce nouvel abandon, Marzoi, qui n'était point venu
depuis l'avant-veille, entra tout-à-coup, et madame

Marcel n'eut pas le temps d'essuyer les larmes qui couvraient ses joues ; le docteur s'arrêta étonné.

— Qu'avez-vous, demanda-t-il ?

— Ah ! vous voilà, s'écria la malade en lui tendant les deux mains avec tendresse ; mon Dieu ! vous voilà donc enfin !

Marzoi prit une des mains de Victorine et par habitude lui tâta le pouls.

— Eh bien ! eh bien ! qu'est-ce que cela ? Vous êtes tout agitée ; vous avez un peu de fièvre.

Madame Marcel retira sa main.

— Est-ce que vous vous êtes trouvée plus mal depuis que je ne vous ai vue ?

Elle fit signe que non.

— Allons, je vois ce que c'est ; des idées tristes qui vous sont venues ; la tristesse ne vaut rien dans les affections gastriques ; pourquoi ne pas vous distraire, recevoir quelques personnes ?

Victorine ne lui répondit rien, mais elle lui jeta un regard si désolé qu'il se sentit embarrassé. Il se tut quelques instants, puis haussa les épaules et reprit avec un léger soupir :

— Vous repoussez les distrations et pourtant cette vie retirée vous tue. Vous êtes si faible, si nerveuse ; .

un rien vous exalte ; vous avez eu quelque contrariété qui vous aura fait mal ; n'est-ce pas vrai ?

Victorine croisa les mains et ferma les yeux.

— Il ne sait même pas pourquoi je souffre, murmura-t-elle.

Marzoi n'entendit pas. Le menton appuyé sur une canne à pomme d'or qu'il portait depuis quelque temps comme le symbole d'une vieillesse anticipée, il paraissait réfléchir profondément ; enfin, il se détourna vers le lit pour considérer la figure plombée de madame Marcel : deux larmes glissaient encore lentement le long de ses joues hâves et flétries. Marzoi sembla alors se rappeler qu'elle pleurait lorsqu'il était arrivé.

— Vous ne m'avez point dit ce que vous aviez, lui dit-il de ce timbre caressant qui était naturel à sa voix et qui lui donnait, même à son insu, une expression de tendresse : vous est-il arrivé quelque chose de fâcheux ?

— Que peut-il m'arriver de fâcheux maintenant ?

— Alors, c'est votre santé qui vous inquiète ? Mais soyez donc sage, dans quelques jours vous serez sur pied ; vous voyez bien que je ne vous traite plus en malade et que je viens plus rarement ; cela seul doit vous prouver que je vous regarde comme guérie.

— C'est vrai, dit Victorine d'une voix déchirante.

Marzoi se leva :

— Du courage, voyons ; le printemps vient, et si vous voulez me croire, vous irez le passer à la campagne, en Normandie par exemple, dans votre terre ; l'automne prochain, vous nous reviendrez fraîche comme une rosière.

Victorine ne put en entendre davantage : ses deux mains se portèrent vers son cœur avec un mouvement d'inexprimable douleur et elle se laissa tomber en arrière.

— Mon Dieu ! dit-elle, il a même oublié que je l'aime.

Marzoi était allé à l'autre bout de la chambre pour prendre son chapeau ; il revint vers la malade :

— Adieu, dit-il, vous me reverrez un de ces jours ; un peu de patience et surtout ne vous tourmentez point, il ne faut pas me gâter ma cure.

Il serra la main de madame Marcel et sortit.

Celle-ci demeura quelques instants sans faire aucun mouvement ; mais enfin relevant la tête à moitié, et laissant tomber ses bras avec accablement :

— Il faut donc mourir, dit-elle.

Et elle se mit à pleurer.

Le jour où Marzoi revint, il trouva madame Marcel plus souffrante qu'elle ne l'avait jamais été. Il eut de nouveau recours au traitement qui lui avait précédemment réussi, mais cette fois il fut sans action. Le mal ne fit que croître, et bientôt il arriva au point de faire tout craindre. Le docteur était au désespoir. Tout le confondait dans cette étrange maladie dont il ne pouvait comprendre la cause, qui ne suivait aucune règle saisissable, et contre laquelle tous les médicaments étaient restés sans effet. Il avait beau interroger Victorine, il n'en obtenait aucune indication qui pût le mettre sur le chemin de la vérité. Madame Marcel, décidée à mourir, ne paraissait plus d'ailleurs avoir d'autre but que de conserver Marzoi à ses côtés. Comme il arrive toujours, sa passion avait grandi à proportion des sacrifices qu'elle lui avait faits, et elle était devenue folle de son sentiment, comme Marzoi l'était de son idée. D'un autre côté, le mal avait brisé tout son orgueil, éteint toutes ses susceptibilités, et l'avait amenée à une sorte d'hébêtement douloureux, au milieu duquel surnageait cette seule volonté : voir et entendre son amant ! Ce n'était même plus une volonté, c'était un instinct, un besoin. Elle avait perdu cette fierté de cœur qui fait taire un amour méprisé,

Elle demandait Edmond ; elle le suppliait de rester ;
elle le forçait à s'asseoir près de son lit, pour tenir ses
mains et le regarder. Son amour, ainsi dépouillé de
toute noblesse, avait quelque chose de puérilement
terrible qu'aucun mot ne peut exprimer. Son mal étant
sa beauté aux yeux de Marzoi, elle cherchait à le faire
valoir et à s'en parer. Quand celui-ci s'approchait
d'elle pour l'examiner, elle suivait tous ses mouvements avec un regard inquiet, et quand il avait fini,
elle lui disait : — Je suis bien malade, n'est-ce pas ?
assez malade pour que vous veniez souvent ? Et si le
médecin tourmenté, promettait de revenir le soir, elle
battait des mains avec le délire joyeux d'un enfant.

Marzoi ne voyait dans cet étrange abandon de soi-
même, que l'expression capricieuse d'un amour qui le
contrariait ; mais Henri, qui observait tout avec les
yeux plus clairvoyants du cœur, était, depuis quelque
temps, en proie à d'horribles incertitudes. Il avait remarqué, avec une surprise épouvantée, que le mal de
Victorine s'était toujours subitement renouvelé aux
époques où son amant commençait à l'abandonner ; et
cette singulière coïncidence avait jeté dans son âme
d'étranges soupçons. Il savait où pouvait conduire la
frénésie d'un amour sans espoir. Il lui semblait entre-

voir une cause volontaire dans cette agonie variable et arrangée ; et en songeant à la monomanie de Marzoi, il se demandait avec terreur si ce n'était point Victorine elle-même qui s'était ainsi décidée à se faire lentement cadavre pour retenir près d'elle ce courtisan de la mort.

Ce soupçon prit chaque jour plus de consistance, et le bossu résolut de tout faire pour s'assurer de la vérité.

Il arriva un jour que Marzoi, moins inquiet de madame Marcel, et retenu sans doute ailleurs, négligea de lui faire sa visite accoutumée. La malade, qui vit dans cette négligence un abandon prémédité passa la nuit entière dans la fièvre et les larmes. Ce fut seulement vers le matin que la fatigue lui ferma les yeux et la jeta dans un sommeil agité, quand elle se réveilla, il était déjà tard, et le soleil d'avril riait à travers les rideaux des fenêtres que l'on avait abaissés pour rendre le jour plus doux. Elle se souleva avec effort en poussant un gémissement plaintif, s'assit sur son séant, et regarda autour d'elle d'un œil effaré Henri qui l'avait veillée toute la nuit, n'était plus là. Il était allé sans doute chercher quelques moments de repos, elle était seule.

Sûre de n'être point vue, elle tira alors de son sein un sachet de soie, qu'elle contempla quelque temps d'un regard fixe puis se redressant tout-à-coup avec un geste désespéré, elle l'entr'ouvit, versa dans un verre un peu de poudre qui y était contenue, ferma les yeux et porta le breuvage à ses lèvres.

Dans ce moment, un cri partit du côté de la fenêtre, madame Marcel s'arrêta épouvantée et se détourna; les rideaux s'agitèrent, une main tremblante les souleva, et Henri parut.

Il était si pâle, qu'elle comprit à l'instant qu'il avait tout vu et tout deviné. Elle posa le verre près d'elle, sur le point de s'évanouir, tant cette apparition l'avait saisie.

— Que faisiez-vous là? demanda-t-elle après un court silence et d'un ton irrité; suis-je donc entourée d'espion? ne puis-je être seule et libre un instant.

Henri ne répondit pas; debout, les mains jointes et l'œil égaré, il offrait dans tout son être l'expression d'une douleur si effrayée et si profonde que Victorine elle-même en fut émue. Elle baissa les yeux, sentant sa colère qui s'éteignait. Le bossu resta long-temps immobile; enfin il tendit les mains vers madame Marcel avec un geste de supplication impossible à rendre.

— Mon Dieu! mon Dieu! c'est donc vrai, dit-il, vous voulez mourir!.

Victorine baissa la tête et sentit que les larmes la gagnaient.

— Oh! répondez-moi! reprit Henri, que j'entende votre voix; dites-moi que cela n'est pas, dites-moi que vous vivrez.

— Je le voudrais, dit la malade en pleurant; la mort me fait peur, car, morte, je ne le verrai plus.

— Et pourquoi donc avez-vous choisi le poison?

— Je savais qu'il viendrait me voir mourir.

Henri cacha sa tête dans ses mains.

— Ah! j'ai bien souffert avant d'en venir là, continua Victorine; j'ai cherché bien souvent à me rattacher à la vie. Que de fois, en voyant revenir Edmond, j'ai fait une halte dans le suicide, et j'ai attendu!... Mais hélas! bientôt il me fallait reprendre mon agonie où je l'avais laissée. — Oh! Henri, on ne sait pas ce que c'est que de se tuer en six mois, que de boire ainsi la mort par gorgées. Ah! que d'heures! que d'heures j'ai passées à genoux, demandant à Dieu un peu de l'amour d'Edmond, assez seulement pour que je pusse vivre ! mais Dieu ne m'entendait pas. Il a fallu appeler la maladie. J'ai vu mes traits se flétrir ; j'ai senti mes cheveux tomber, ma vue s'affaiblir, mes membres se paralyser, et, malgré tout, toujours, toujours, il y avait en moi une voix qui criait. — Tu ne souffres pas assez, il ne reviendra pas. — Et je faisais en sorte de souffrir davantage, pour être sûre de le revoir.

— Oh ! Victorine, dit Henri, ainsi, vous n'aimez plus rien dans le monde ; aucune affection, aucun dévouement ne peuvent vous consoler de cet amour ?

— Rien ne remplace la vie, Henri.

— Vous avez raison, dit le bossu avec accablement ; il n'y a jamais qu'un être vivant sur la terre, celui qui est aimé ! Les autres sont des fantômes que l'on touche sans les sentir et qui parlent sans qu'on les entende.

— Etre consolée ! répéta Victorine en secouant la tête ; oh ! je ne veux pas être consolée ! Ce que j'aime dans l'existence, c'est ma douleur ; si je la perdais, que m'importerait de vivre ? Non, non, Henri, je ne serai consolée que lorsque mes yeux seront fermés, et quand vous m'aurez déposée dans un trou de terre.

— Oh ! je ne vous y déposerai pas ! dit le bossu

d'une voix étouffée et en jetant des regards avides sur le breuvage empoisonné.

— Ne dites pas cela, Henri, n'êtes vous pas mon fils et n'est-ce pas à vous de veiller sur mes derniers instants ?

— Jamais ! jamais ! A d'autres ces soins horribles ! moi, que je vous voie mourir ! moi, que je vous survive ! Ah ! je ne le veux pas, je ne le veux pas.

Et tombant à genoux, les mains jointes, près du lit de Victorine.

— Que voulez-vous donc que je fasse sur la terre, mon Dieu ! quand vous n'y serez plus ? Que me restera-t-il à aimer ? Je n'aurai plus, moi, ni mère, ni sœur, ni amie. Vous étiez le seul être au monde qui m'appeliez Henri et qui me donniez la main ! Partout où vous n'êtes pas, je suis seul ; où vous êtes, j'ai le monde entier. Et dans quel but vivrais-je ? qui a besoin de moi ? Pour laisser un vide, il faut avoir une place, et où est ma place, à moi ? nommez-moi une seule personne qui doive pleurer ma mort, et je vivrai pour elle !... Hélas ! vous savez bien que mon univers n'a jamais dépassé la portée de votre regard ! et vous voulez que je vive après vous avoir déposée dans une bière ! Non, non, je n'attendrai pas cette heure affreuse,

je veux mourir auparavant; je veux mourir maintenant.

— Henri! s'écria Victorine en saisissant les mains
du bossu, Henri, au nom du ciel, calmez-vous, votre
désespoir me déchire.

Le jeune hommme laissa tomber sa tête sur le lit
en sanglotant.

— Ah! vivez, et je vivrai.

— Nos positions sont-elles les mêmes? répondit la
malade.

— Peut-être, murmura le bossu à voix basse.

Victorine tressaillit et le regarda avec terreur; elle
commençait à comprendre.

— Henri, dit-elle d'une voix tremblante, je souffre
et j'ai besoin que vous me preniez en pitié. Vous êtes
maintenant le seul être au monde qui puissiez me
rendre moins affreux mes derniers jours : ne m'aban-
donnez pas; soyez fort de votre bonté. Encore un
sacrifice pour l'amour de moi, vous qui en avez tant
fait déjà. Je vous le demande, je vous en supplie,
Henri, apaisez-vous, votre émotion me tue, revenez à
vous, au nom du ciel! et épargnez-moi!

Madame Marcel était penchée hors de son lit, elle
tenait les mains du bossu pressés contre sa poitrine.

La vue de cette douleur arrêta subitement le désespoir de Henri ; ses membres se raidirent comme s'il eût réuni toutes les forces de son être contre quelque ennemi invisible, et ses traits exprimèrent une si affreuse torture, que Victorine crut qu'il allait s'évanouir ; mais ce combat ne dura qu'un instant, il se leva en chancelant et dit très-bas :

— Je suis calme, Victorine, pardonnez-moi un moment de faiblesse ; vous aurez près de vous jusqu'à la dernière heure quelqu'un qui vous aimera ; je vous promets de vous survivre.

VI.

Quinze jours après la scène que nous venons de rapporter, dans cette même chambre, un prêtre était à genoux et en prières, tandis que Henri, debout, près du lit, contemplait d'un œil sec Victorine qui venait de mourir.

A voir la pâleur livide, l'immobilité du jeune homme et la souffrance empreinte sur ses traits crispés, on eût pu croire que la mort venait de le surprendre lui-même, si sa respiration rauque n'eût averti qu'il vivait. Il était tellement absorbé dans sa douloureuse contemplation, qu'il n'entendit ni des pas rapides, ni le bruit de la porte qui s'ouvrit vivement; mais le son d'une voix bien connue le fit tressaillir, il leva la tête et aperçut Marzoi que l'on venait d'avertir et qui accourait. Le regard que le bossu jeta au médecin l'arrêta court au milieu de la chambre.

— J'arrive trop tard, dit-il avec anxiété.

Le bossu secoua la tête ; Marzoi fit un geste de surprise et de douleur ; il s'avança vers le lit, chercha le pouls de Victorine, posa la main devant ses lèvres et sur son cœur.

— Rien, murmura-t-il ; elle est bien morte.

Il recula et resta devant le cadavre les bras pendants, la tête penchée, sombre et accablé. Henri pensa que l'émotion avait enfin trouvé une jointure à ce cœur cuirassé de science, et regardant ce front prématurément chauve et ridé par l'étude, qu'une pitié humaine avait enfin courbé, il sentit son indignation diminuer.

Tout-à-coup Marzoi se pencha vers la morte avec une sorte de désespoir ; il tourna les mains en tous sens, regarda le visage de plus près et le toucha.

— Dieu du ciel ! je crois que vous cherchez de quoi elle est morte ? s'écria le bossu.

— Oui, dit Marzoi en se relevant brusquement.

— Arrière, monsieur, vous avez assez tourmenté sa vie, laissez quelque repos à son cadavre.

Le médecin voulut répondre, mais Henri ne lui en laissa pas le temps.

— Vous n'avez pu découvrir le mal de cette femme quand elle vivait, et vous voudriez découvrir sur ce corps insensible ce qui l'a tuée, n'est-ce pas? Eh bien ! moi, je vous le dirai, car mon cœur m'a rendu plus habile que votre art. Vous l'avez abandonnée pour la science, et elle a voulu que la science vous ramenât près d'elle, puisque son amour ne le pouvait plus. Elle s'est donné un mal renaissant pour vous attirer et vous retenir par l'appel d'une guérison, elle s'est empoisonnée jour par jour, afin de vous voir.

— Que dites-vous ? cria Marzoi.

— Regardez !

Le bossu écarta les vêtements de la morte, saisit le sachet caché sur sa poitrine et l'entr'ouvrit. Le médecin recula.

— Ah ! vous le reconnaissez enfin ! dit Henri.

— Et vous le saviez, vous, et vous l'avez souffert ?

— Ne l'aviez-vous pas condamnée à mourir ?

Marzoi leva les bras avec désespoir.

— Malheureux ! malheureux ! mais c'est un as-

sassinat que vous m'avez laissé commettre! le poison,
vous l'avez vu là, et vous ne le lui avez pas arraché?

— Non, dit Henri avec un sourire étrange, celui-là
était à elle, le mien était ici.

Et il tira de son sein un sachet semblable à celui de
Victorine, mais qui était vide.

Dans ce moment, il chancela et chercha le mur pour
s'appuyer.

— Que veut-il dire? s'écria Marzoi.

— Et ne voyez-vous pas qu'il meurt aussi? dit le
prêtre qui était accouru pour le soutenir.

— Je n'avais promis que de lui survivre, murmura
le bossu; maintenant ma vie est à moi.

Marzoi joignit les mains sur sa tête, en criant:

— Je suis maudit!

— Monsieur, lui dit le prêtre, vous avez perdu deux
âmes pour la science! La science ne pourra jamais vous
dédommager!

FIN

TABLE DES MATIÈRES

CONTENUES DANS CE VOLUME.

FIN DE LA TABLE.

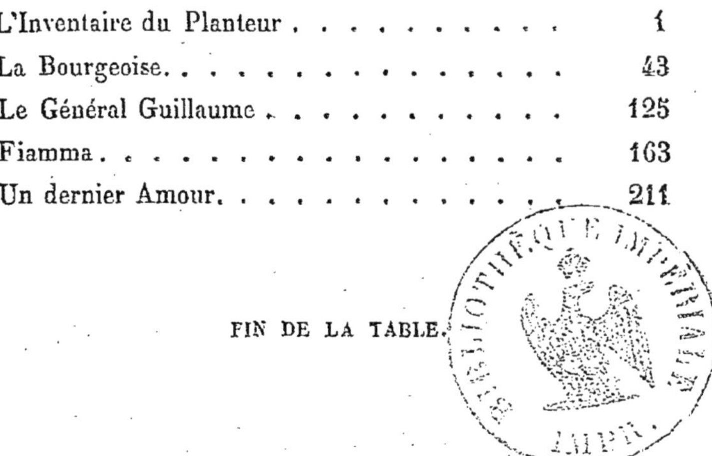

Clermont (Oise). — Imp. A. Daix.

www.ingramcontent.com/pod-product-compliance
Ingram Content Group UK Ltd.
Pitfield, Milton Keynes, MK11 3LW, UK
UKHW021013140726
13695UKWH00001B/242